ハマトンの霊言

現代に知的生活は成り立つか

Hamerton

RYUHO OKAWA
大川隆法

まえがき

今回は、私が若き日に知的人生設計に目覚めるきっかけの一つともなった、P・G・ハマトンの霊言に挑《いど》んでみた。

ハマトンは、英国ビクトリア王朝後期の作家だが、百年後の一九七〇年代後半の高度成長期の日本が求めているライフスタイルへの刺激ともなっていた。

身銭《みぜに》を切って本を読む生活は、なぜか私を魅了《みりょう》した。そして「インテレクチュアル・ライフ」が「スピリチュアル・ライフ」へと転換《てんかん》・昇華《しょうか》されていった。

私自身は、特別な宗教修行をせずに宗教家になったことを不思議に思っていたが、その本質は、「知的生活」が、政治哲学者ハンナ・アーレントのいう、「観照《かんしょう》的《てき》生活」に高度化して、「智慧《ちえ》の眼《め》」が開けた点にあったといえよう。
本書は、二千四百冊以上の著書を刊行した、私自身の知的生活論でもある。

二〇一八年　十一月一日

幸福《こうふく》の科学《かがく》グループ創始者兼総裁《そうししゃけんそうさい》　大川隆法《おおかわりゅうほう》

ハマトンの霊言　現代に知的生活は成り立つか　目次

ハマトンの霊言《れいげん》　現代に知的生活は成り立つか

二〇一八年十月二十四日　収録
東京都・幸福の科学総合本部にて

「霊言《れいげん》現象」とは、あの世の霊存在の言葉を語り下ろす現象のことをいう。これは高度な悟《さと》りを開いた者に特有のものであり、「霊媒《れいばい》現象」（トランス状態になって意識を失い、霊が一方的にしゃべる現象）とは異なる。外国人霊の霊言の場合には、霊言現象を行う者の言語中枢《ちゅうすう》から、必要な言葉を選び出し、日本語で語ることも可能である。

なお、「霊言」は、あくまでも霊人《れいじん》の意見であり、幸福の科学グループとしての見解と矛盾《むじゅん》する内容を含《ふく》む場合がある点、付記しておきたい。

ハマトンの霊言《れいげん》

現代に知的生活は成り立つか

二〇一八年十月二十四日　収録

東京都・幸福の科学総合本部にて

フィリップ・ギルバート・ハマトン（一八三四～一八九四）

作家、美術評論家、芸術家。イギリスのランカシャー出身。当初は画家を目指していたが、一八六二年発刊の『A《ア》 Painter's《ペインターズ》 Camp《キャンプ》 in《イン》 the《ザ》 Highlands《ハイランズ》』が、イギリスのみならずアメリカでも売れ、その後、美術雑誌「The《ザ》 Portfolio《ポートフォリオ》」の編集責任者としても大成功する。生涯《しょうがい》にわたって数多くの著作を出版し、一八七三年に発刊した『知的生活』は版を重ね、日本の教科書にもよく使われてきた。

質問者　綾織次郎《あやおりじろう》（幸福の科学常務理事 兼《けん》 総合誌編集局長 兼「ザ・リバティ」編集長
　兼 ＨＳＵ（ハッピー・サイエンス・ユニバーシティ）講師）
斎藤哲秀《さいとうてっしゅう》（幸福の科学編集系統括《とうかつ》担当専務理事 兼 ＨＳＵ未来創造学部
　芸能・クリエーターコースソフト開発担当顧問《こもん》）
泉聡彦《いずみとしひこ》（ＨＳＵ未来創造学部ディーン 兼 プロフェッサー）

［質問順。役職は収録時点のもの］

1　国家の最盛期に読まれる名著とは

渡部昇一《わたなべしょういち》氏に大きな影響《えいきょう》を与《あた》えたハマトンの『知的生活』

大川隆法　今回は、「ハマトンの霊言《れいげん》」と題しましたが、ハマトンを知っている人が、今、どのくらいいるのか分かりません。知らなければ、話も聴《き》いてもらえないでしょうし、本になっても読んでくれないと思いますので、ハマトンについて、ザッと話しておきたいと思います。

私が大学時代にハマトンを読んだのは、ハードカバーの大きな本でした。手紙の形式で、いろいろな人に対して啓発《けいはつ》する内容を書いた『知的生活』（講談社）という本で、読むのにけっこう時間がかかった記憶《きおく》があります。

その後、『知的生活』は、現代的に使える部分を抽出《ちゅうしゅつ》して、もう一回、三笠書房《みかさしょぼう》から四百ページ程度の本で出ています。今、手に入りやすいのは文庫本だと思いますが、こちらは講談社学術文庫から出ています。

この『知的生活』に影響《えいきょう》を受けて、渡部昇一《わたなべしょういち》先生の『知的生活の方法』『続 知的生活の方法』（共に講談社現代新書）等も出されたわけですが、これも、昭和五十年代のベストセラーですから、もう四十年以上前であり、ずいぶん昔のことになります。

幸福の科学では、『黒帯英語四段③』（宗教法人幸福の科学刊）の後半に、ハマトンの『知的生活』の英文の要約を対訳で入れています。

この日本語部分だけをまず読めば、ポイントが分かるでしょうし、余力があれば英語でも読んでみるというかたちであれば、それほど時間はかからないので、

『知的生活』（P・G・ハマトン著／渡部昇一、下谷和幸訳／講談社学術文庫）

週末で十分に読めるだろうと思います。ここまでハマトンの著書を縮めるのは、簡単なことではなく、そうとうの〝芸当〟なので、こちらも勉強してみてください。

『黒帯英語』になぜハマトンを入れたかというと、内容的にも大事であるのと、「名文の代表」としてよく言われている方だからです。ハマトンは、英語の文章としてかなり洗練された文章が書ける方だったのです。

渡部昇一先生も、大学時代、「英作文の練習をしたいけれども、いい英文を書いている人はいませんか」と教授に訊《き》きに行ったら、ハマトンを勧《すす》められたといいます。「癖《くせ》のない洗練されたよい文だから、ハマトンがいいだろう」と言われて、ハマトンの『知的生活』の原書を古本屋で探してきて、英文

●**渡部昇一**（1930～2017）　英語学者、評論家。上智《じょうち》大学名誉教授。上智大学大学院修士課程修了後、ドイツのミュンスター大学、イギリスのオックスフォード大学に留学。帰国後、保守系言論人として幅広い評論活動を行った。『知的生活の方法』『渡部昇一「日本の歴史」』（全７巻）など、著作多数。

科の大学三年生が終わった春休みに、「ハマトンの英語を読んで英文和訳をやり、自分で訳した和訳を、今度は英文に戻《もど》す」ということをやったそうです。

当時は、翻訳《ほんやく》もいいものがなかったのだろうと思いますが、「自分で訳して、それをまた英文に戻す」というのを、正確にできるようになるまで何度も繰《く》り返しやったそうです。それを春休み中やったら、もう見るのも嫌《いや》になるぐらいのびてしまい、吐《は》きそうになるほどのきつさだったらしいのです。

ただ、これをきっかけに、レベルが上がって、英語が書けるようになったというようなことを言っておられたのを、印象的に覚えています。

そういうこともあって、英文のほうも少し紹介《しょうかい》しました。百年以上前の英語ではありますが、知的な人の英語なので、役に立つのではないかと思います。こういう英語を読む練習をしたほうがいいと思います。

私が受験期に行《おこな》った「天声人語《てんせいじんご》」の英文和訳と和文英訳

大川隆法　私も、たまたまなのですが、渡部昇一先生の本を読む前に同じような経験をしたことがあります。それは、ほかの本にも書いてありますが、高校二年の終わりぐらいから三年にかけての一年間ぐらいのことです。

今でもそうなのかもしれませんが、当時は、「朝日新聞の『天声人語《てんせいじんご》』が大学受験によく出る」という宣伝がなされていました。もっとも、どこの大学の受験に出ているかまでよく調べる必要があったとは思うのですが、それで、一年間ぐらい、朝日の「天声人語」の英文和訳と和文英訳をしたノートを見開きでつくったことを覚えています。

幸福の科学でも、「天声人語」の筆者で有名な深代惇郎《ふかしろじゅんろう》さんの霊言集を出したことがあります。深代さんの書いた「天声人語」は、歴代の「天声人語」のなか

●ほかの本にも書いて……　『現代ジャーナリズム論批判―伝説の名コラムニスト深代惇郎は天の声をどう人に語るか―』『英語が開く「人生論」「仕事論」』（共に幸福の科学出版刊）参照。

でも白眉《はくび》と言われています。深代さんが書いたのは、三年に満たないぐらいの年数で、病気をされて亡《な》くなられたのですが、とても有名な方です。

ちょうど、年代的に、その深代さんが「天声人語」を書いているときに、私は英文和訳と和文英訳をやったのですが、時間がかかりすぎて、受験にはまったく役に立たず、むしろ、成績を下げる原因になってしまいました。

英語をやるなら、受験の参考書や入試問題をしたほうが絶対に成績が上がったのですが、ちょっと背伸《せの》びをして、まったく関係のないことをやったわけです。

「天声人語」の内容自体は、日本の政治や経済、いろいろなことに対する評論や人物評論などを書いていますが、それは、ほとんど入試には出ない内容です。

そのように、一年ぐらい、「天声人語」の英文和訳と和文英訳をやったことがあったのですが、自分ではまったく虚《むな》しかったと思っていました。

ところが、ほかの本にも書いてあるように、その後、アメリカへ行って、「ウ

●深代惇郎さんの霊言集……『現代ジャーナリズム論批判―伝説の名コラムニスト深代惇郎は天の声をどう人に語るか―』（前掲）参照。

ォールストリート・ジャーナル」や「ニューヨーク・タイムズ」などの英字新聞を電車のなかで読むような生活になってくると、そういう作業をしたことが不思議と力になっていたのです。

要するに、そういう、新聞社でいちばんの名文が書ける方の文章を、日本語でも精読し、英語でも精読したわけです。

やり方としては、朝日新聞の「天声人語」の箇所《かしょ》を切り抜《ぬ》いてノートに貼《は》り、自分でそれを英訳してみる。そして、「朝日イブニング・ニュース」（現在は「ヘラルド朝日」）に一日遅《おく》れぐらいでその英訳が出るので、実際の英文で添削《てんさく》し、しばらくしたら、その英文をまた自分で日本語に訳し、「天声人語」の日本語と同じようになっているかを確認するということをやりました。

ちなみに、「天声人語」の英訳版は、「Vox《ウォクス》 Populi《ポプリー》, Vox《ウォクス》 Dei《ディー》」（民衆の声は神の声である）という、ちょっと怪《あや》しげなラテン語の題になっていました。

本当に、徒労《とろう》と言えば、どうしようもないような徒労ではありましたが、おかげさまで、今は、英語で文章を書こうと思えば書けるようになっています。実用的な英文も書けますし、そうでない英文も書けるようになっているのです。また、英字新聞なども、難なく読めるようにはなっています。

そういうわけで、「無駄《むだ》だった」と思うものでも、あとで役に立つこともあるのかなと思います。まあ、そんな勉強を一年もやる人はいないでしょう。

評判のよい売れる文章を書く練習法

大川隆法　それをやっていたときは、私はまだ渡部昇一先生のことをよく知らなかった時代ですが、渡部先生は、ご自分なりに、ハマトンの英文で勉強したということでした。

また、渡部先生は著書のなかで次のような話を紹介しています。

●デイヴィッド・ヒューム（1711 ～ 1776）　イギリスの哲学者、歴史家。イギリス経験論哲学の完成者。懐疑論・実証論の立場を取った。主著『人間本性論』『英国史』等。

デイヴィッド・ヒュームが最初に本を書いたとき、その本がまったく売れなかったため、「印刷機から死んで産まれ落ちた」という言い方をしたほどでした。彼は、なぜ売れなかったのかをよく考えた結果、「これは、内容が悪いわけではなく、文体というか、文章がうまくないから売れなかったのではないか。マター（内容）ではなく、マナー（様式）の問題ではないか」と気づいたそうです。

その方法については言及《げんきゅう》していませんが、同時代のアメリカ人、ベンジャミン・フランクリンは、当時、有名だった新聞「スペクテイター」紙を手本に一生懸命《いっしょうけんめい》に練習をして、そういう評判のいい文章を書けるようにしたところ、本が売れるようになったということです（これを「フランクリン式文章上達法」という）。

この話は、私もけっこう頭に残っていました。

例えば、東大の卒業生で学者になったような方々は、「本を書いても、売れないような本を書けることが、学者になる条件である。一読して分かるような本を

●ベンジャミン・フランクリン（1706～1790）　アメリカの政治家、外交官。フィラデルフィアにおいて印刷出版業で成功を収め、後に政界へ進出した。また、アメリカ独立宣言の起草や憲法制定などに参加。建国の父の一人として讃《たた》えられている。科学者、哲学者としても多くの功績を遺した。

書いたのでは、学者の〝株〟が買えない」というような感じなのです。

学者になるには、一読しただけでは何が書いてあったのか分からないような文章が書けなければならず、「緻密《ちみつ》に繰り返し読めば、何となく、それらしく読めるような、隙《すき》のない文章を抽象的に書ければいい」という感じでやっていましたが、そのようにしたら、その本は売れなくなっていくわけです。

東大出版会は、「三千部以上は売れない本が〝名著〟だと思う」というようなことを言っていましたが、これは、毎年、学部の学生が卒業していけば、三年ぐらいで売れるレベルの部数だろうと思います。

「それでは、要するに、食べていけない文章しか書けないのだ」ということが、私にはよく分かりました。

それに比べると、渡部昇一先生は、「読みやすく、分かりやすくて、面白《おもしろ》い文章」を書かれる方だったので、私も、「やはり、ああいう売れるような文を書けなくてはいけないのだな」と思いました。文体や文章については、それがインプットされて頭に入っているので、「そういうことの研究をしたほうがよい」と思っています。

それもあって、私も幸福の科学で本を出すときにも、「ある程度、分かりやすい文章で読みやすく、内容に意味があって、ためになる感じの本を書こう」という思いで本を出してきました。

そういうものを軽く受け止める人もいるとは思いますが、ある程度、多くの人に読んでいただくには、やはり、それだけの「努力」や「工夫《くふう》」は要《い》ると思うのです。いろいろなものから引用し、それらをつないで難しく書くだけだったら、自己満足はできるかもしれませんし、その業界の人だけに読んでもらうにはよいかもしれませんが、一般《いっぱん》の人には読んでいただけないところがあるので、このあたりについての努力は必要だったと思います。

おかげで、幸福の科学は、ある程度の規模の教団になり、職員は大勢いますし、出版社（幸福の科学出版）は、倒産《とうさん》することもなく三十年以上続いています。もし、私が難しい文を書くことに専念していたら、職員数は今の十分の一ぐらいしかいないだろうと推定します。

これは裏話ですが、少しお話ししてみました。

大英帝国《ていこく》最盛期に読まれたハマトンとスマイルズ

大川隆法　ハマトンは一八三四年生まれで、一八九四年に六十歳《さい》で亡くなっているので、享年《きょうねん》は私の今の年齢《ねんれい》にかなり近いのです。

坂本龍馬《さかもとりょうま》が一八三六年一月生まれなので、ハマトンは彼の一、二歳ぐらい上です。つまり、龍馬など維新《いしん》の志士たちと同じころに生まれて、大英帝国《ていこく》の最盛期の時代を生きた人です。

渡部昇一先生は、「ハマトンの本が売れているときには、大英帝国は繁栄《はんえい》を誇《ほこ》っていたが、この人の本が売れなくなると、大英帝国は没落《ぼつらく》し始めた」というようなことを言っています。

因果《いんが》関係があるかどうか分かりませんが、国が最盛期になるときに読まれるようなものと、そうでないものとが、やはりあるのだろうと思います。

サミュエル・スマイルズの『自助論』もそうです。あれが読まれていたときは産業革命期で、イギリスから偉《えら》い人がたくさん出ていましたし、それの翻訳を読んだ国からも偉人《いじん》が数多く出てくるような状況《じょうきょう》だったのですが、一定の時期を過ぎると、読まれなくなりました。

ただ、それは『西国立志編《さいごくりっしへん》』（中村正直《なかむらまさなお》訳）として日本語にも訳され、明治以降、日本人が一生懸命に読んだので、そのあと発展期が日本に来ています。

「本には、そういう力がけっこうあるものだ」と思っています。

2　頭の「錆《さ》びつき」を防ぐ努力の仕方

「知的鍛錬《たんれん》」を続けないと「頭は錆びつく」と説いたハマトン

大川隆法　ハマトンの『知的生活』は、読む人のそのときの年代によって、違《ちが》うものを発見することがあります。

今朝《けさ》も、もう一回、パラッと読み返してみると、印象に残り、「自分の生き方や仕事の仕方等にも、これが大きな影響《えいきょう》を与《あた》えているのだな」と思ったものが幾《いく》つかあります。

ハマトンは、「知的鍛錬《たんれん》、知的訓練をしていなか

『THE INTELLECTUAL LIFE（知的生活）』（P・G・ハマトン著、Boston, Little, Brown & Company 刊、1899 年版）

ったら、何事も成せない」ということを、はっきりと冒頭《ぼうとう》のほうで述べています。「人々が知らないような情報を抜《ぬ》いてくる」とか、「ただただ〝ザル読み〟だけをすればよい」とか、そのようなことは言っていません。「知的鍛錬が必要だ。それを一定の期間やらない人には、それから先がない」ということを、はっきり言っているのです。

彼が言っていることは本当です。今で言えば、大学受験のために勉強したものについても、「無駄《むだ》だ」とは思っていないということでしょう。「頭の訓練は必要であり、そういう知的訓練をしない人には、その後がない」ということを言っているわけです。

問題は、「知的訓練をしている若いころには頭のよかった人でも、放置すれば、やはり錆《さ》びつき、劣化《れっか》してくる」ということです。これに気がつかない人が多いのです。

「若いころには頭がよかった」「中学ではできた」「高校ではできた」「大学ではできた」といっても、その後、努力しない人は劣化し始めます。要するに、「錆びついてきたら使いものにならなくなる」ということです。これも、はっきり書いてあります。

ただ、『知的生活』を若いころに読んだとしても、「錆びつき」のことに関しては、おそらく読み取れないと思います。十八歳《さい》や十九歳で読み、「今は勉強していても、このあとも勉強を続けないと錆びつくぞ」と言われても、そのときには分からないものです。

しかし、実際問題として、学生時代に英語ができたとしても、十年間ぐらいやらなければ、あっという間に、英語の学力は落ちるところまで落ちていきます。やはり、勉強を続けるのはとても大変なことですが、錆びつかないようにする努力が必要なのです。

したがって、彼は知的鍛錬を否定していません。これがなかったら、うまくいかないことをよく知っています。

ただ、それだけでは駄目《だめ》なことも知っていて、「錆びつかないようにする努力も要《い》るけれども、大人になってからもそうした知的な努力を続けていく人には、また別のものが積み増しになっていく」ということを言っています。

これは大事です。本を書くことだけではなく、ほかの生活でも同じなのです。

ハマトンは、最初は画家で、絵を描《か》いたりしていました。（東京藝術《げいじゅつ》大学出身の）斎藤哲秀《てっしゅう》さんが（今回の質問者として）出てきている理由かもしれませんが、

フランス・シャルモワの風景を描いた、ハマトンの版画作品。

ハマトンは、「絵を描く場合でも、やはり、基礎《きそ》的な訓練をきっちりとやった人でなければ駄目なのだ」ということを言っています。

よい本を書き続けるには「努力の継続《けいぞく》」や「蓄積《ちくせき》」が要《い》る

大川隆法　ハマトンは最初は画家でしたが、やがて、美術雑誌の編集者を務めたりしながら、知的生活論や随筆《ずいひつ》、人物伝などを数多く執筆《しっぴつ》して出版し、英国有数の文筆家になりました。

彼の書いた文章は名文で有名ですが、彼は、「本は、書こうと思えば誰《だれ》でも書けるけれども、それをよい本にしようと思ったら、やはり、『努力の継続《けいぞく》』や『蓄積《ちくせき》』が必要だ」ということを力説しています。

一般《いっぱん》には、〝天才論〟風に、「インスピレーションがあるかどうかが大事だ」というようなことがよく言われますし、実際にインスピレーションもあることはあるのですが、彼は、「インスピレーションだけに頼《たよ》っていては、よい本、よい作品を書き続けることは極《きわ》めて難しい」ということを正直に言っています。これは、実際に仕事をした人でなければ言えないことだと思うのです。

事例1　ウォルター・スコット――見事な蔵書のほかに武器まで収集

大川隆法　例えば、彼より少し前の時代のイギリスで流行《はや》った作家に、ウォルター・スコットという人がいます。『アイヴァンホー』など、「歴史もの」「戦争もの」等をたくさん書いた人であり、有名なベストセラー作家です。「スコットの新刊が届くのを、船が港で待っていて、それをたくさん積んで外国まで出ていった」と言われているぐらいの人です。

●ウォルター・スコット（1771〜1832）　スコットランド・エジンバラ出身の詩人、歴史小説家。父の跡を継いで弁護士となり、次いで文筆活動でも活躍。世界的ベストセラーとなった『ウェイヴァリー』をはじめとする小説や詩は、今もなお読み継がれている。『湖上の美人』『アイヴァンホー』等も有名。

私も、実際にエジンバラまで行き、旧スコット邸《てい》を見てきました。それほどスコットに興味を持ち、彼の書斎《しょさい》と蔵書を見てきたのですが、非常に見事なつくり付けの本《ほん》棚《だな》が、装丁の立派な金表紙の本でピシッと埋《う》まっていました。

スコットの書斎については、渡部昇一《わたなべしょういち》先生の『続 知的生活の方法』にも書いてあったと思いますが、私は蔵書の冊数まで確認してきたのです。百科事典と見まがうような大きな金表紙の本で、背表紙の立派なものが、つくり付けの本棚にピシッと入って

（上）アボッツフォード邸（旧スコット邸）。9千冊にも及ぶ蔵書が保存され、現在は資料館として一般公開されている。
（左）邸内の書斎。

いて、私が数えたところでは約九千冊でした。

当時としては、そうとう立派な蔵書だと思います。雑本《ざっぽん》が一冊もないのです。すべてが、きちんとした、本当に貴族の書棚に置けるような立派な本でした。天《てん》井《じょう》まである、つくり付けの本棚が、そういう本でいっぱいになっていたのです。

その隣《となり》にはアーマリー（武器庫）があり、中世の兜《かぶと》や鎧《よろい》、刀、あるいは、鎖《くさり》でつながった鉄球をぶつけたりするような武器などをたくさん展示していました。こういうものを眺《なが》めながら、スコットは戦争ものを書いていたのです。

それを見て私も、「資料が豊富だったために種切《たねぎ》れせず、いくらでも書けたのだ」ということが分かりましたし、「なるほど。こんなものを毎日見ながら書いていたら、迫力《はくりょく》が出てくるだろうな」と思いました。

ハマトンも指摘《してき》していますが、スコットの小説の場合、時代考証の部分、実際の資料に基《もと》づいた部分を除いたら、あとのものは少なくなります。つまり、インスピレーションだけで書いていないのです。「スコットは、きちんとした資料に基づいて書いている」ということを、ハマトンは述べています。

事例2　司馬遼太郎《しばりょうたろう》――トラック何台分もの資料を買い占《し》める

大川隆法　司馬遼太郎《しばりょうたろう》にもそういうところがありました。司馬遼太郎のことをほめて、「普通《ふつう》の人は、少ししか資料を読まないで書き散らす。そういう流行作家は多いけれども、司馬遼太郎の場合は、八割か九割読んで、一割か二割書く」というように言う人もいます。

司馬遼太郎が坂本龍馬《さかもとりょうま》の生涯《しょうがい》を描《えが》いた作品に、『竜馬《りょうま》がゆく』があります。

先日、千眼美子《せんげんよしこ》さんがLINE LIVE《ラインライブ》の番組で、「文春文庫から出ている『竜馬がゆく』全八巻のうち、三巻まで読んだ」と話していました。

「今年の初めに、番組の企画《きかく》として『竜馬がゆく』を読むという宿題を出されたのに、なかなか読めていない」ということで、一部の人からいじられていたようですが、読めないはずです。

あれを書くために、司馬遼太郎は、トラック何台分もの坂本龍馬に関する資料を集めているのです。彼は、神田《かんだ》の古本屋に、「関連するものを、あるだけ送ってほしい。自分が持っているものとダブっても構わないから」と言って頼《たの》み、その時期のものを全部集めて買い占《し》め、自宅に送らせたそうです。

当時の彼の印税から見れば、そのくらいの額は十分使えたのでしょう。一説によれば、「二千万円ぐらいは使っている」という説もあります。当時で言えば、田舎《いなか》なら二千万円あれば豪邸《ごうてい》が建つほどの金額ですし、私の実家の家はもう少し安く建ちましたが、「そのくらい使っても、入ってくる印税から見れば、必要経費としてちょうどよいぐらいだ」という感じだったのでしょうか。

トラック何台分もの資料を使い、文庫本にして八巻、単行本にして五巻書いたわけであり、その裏にある資料はそうとうありますから、スラスラ読めないのには、それなりの理由があるのです。

ただ、それだけ資料考証というか、歴史考証をやって書いてもなお、「間違いがある」と今、指摘されたりはしています。歴史小説を書くのは、それほど難しいものではありません。

生前、司馬遼太郎は、「資料を読んでいると、活字が立ち上がってくる」というようなことを言っていました。それだけの資料を読み込《こ》んでいると、そのようになるのでしょう。

「資料を開けて読んでいると、自分に必要なところの活字が立ってくる」ということですが、私はまだその境地には達していないので、よくは分かりません。もしかしたら、（質問者の）斎藤さんは活字が立って見えている可能性がありますけれども、司馬遼太郎はそんなことを言っていたのです。

そういう人が書いた本を読むのは、それほど簡単ではないのは、千眼さんが言うとおりかと思います。知的生活には、そういうところがあります。

「インスピレーション」と「知的努力・読書量」は姉妹関係にある

大川隆法　私は、「努力をせずに成果だけをあげようとするのは、無理である」ということを、常識論として、みなさんに叩《たた》き込んでいますが、若いころにそれを読んでも忘れるのです。

また、中年期以降になって、それを忘れてしまうこともあります。受験勉強には、要領よくやれるところがあるので、「裏道で、ちょっと秘密情報のようなものを入れれば、いいものが書ける」とか、そういう気になってしまうことがあるのです。記者にも作家にも、そういうところはあるでしょう。

しかし、やはり、知的鍛錬をキチッとし、さらに資料を読む等の勉強を続けていてこそ、インスピレーションが降りてくるのです。「インスピレーション自体は降りてくるけれども、『インスピレーション』と『知的努力・読書量』は姉妹関係にある」ということを、ハマトンは述べています。

実にそうだと思います。私もすごくインスピレーショナブルな人間ですが、勉強している量に比例して、インスピレーションは湧《わ》いてくるところがあります。勉強せずにインスピレーションだけを待っていたら、やはり種枯《が》れすると思うのです。

このことを、渡部昇一先生は別の比喩《ひゆ》として、水鳥のたとえを使って説明しています。「水鳥は、スイスイと池を泳いでいるように見えても、水面下では一生懸命《けんめい》に足を動かしている。みな、水面上のスイスイ泳いでいるところだけを見るけれども、実は、水面下で努力するのが大変なのだ」ということを述べていたと思います。

あるいは、ある有名な画家が、「〝似顔絵（肖像画《しょうぞうが》）〟を描いてほしい」と依頼《いらい》されて、短時間で描いてものすごく高い代金を要求したところ、依頼した人は怒《おこ》ったらしいのですが、その画家から、「確かに短時間で描いたけれども、私がこれを描けるようになるのには三十年かかっています」と言われたら、その値段の意味が分かってくるところはあるでしょう。

私も、そのような努力を積み重ねてきたのです。

3　歴史を超《こ》える実践者《じっせんしゃ》の智慧《ちえ》

知的生活を送るには、「無駄《むだ》を見切る」

大川隆法　ハマトンの『知的生活』を読み、それ以外に頭に入ったこととしては、若い人が読んでもなかなかピンとはこないことですけれども、例えば、「伴侶《はんりょ》の選び方」があります。

ハマトンは、「知的な生活者を目指している人は、独身のほうが有利なことが多いが、それを続けられないことも多いので、結婚《けっこん》するとしたら、女性のタイプはもう二通りしかない」と言っています。

一つは、一切合財《いっさいがっさい》、生活周りは全部見てくれて、まったく気兼《きが》ねさせないで、仕事に専念できるようにしてくれる人。女性として、それを完全にこなしてくれる人。

もう一つは、狭《せま》く険《けわ》しい道だけれども、知的な世界に足を踏《ふ》み入れ、同伴者として一緒《いっしょ》に険しい道を上がっていこうとする知的な人で、仕事の話し相手、相談相手になるような人。

「この二つのタイプ以外は成功しない」というように、はっきり書いています。

私はそれを若いうちに読んだので、ずいぶんエネルギーのセーブ（節約）になりました。時間のセーブ、お金のセーブ、行動力のセーブになったのです。見切りが早くなり、「無駄《むだ》だと思うことには、エネルギーを使わないというか、時間もお金も使わない」ということをずいぶんしたのは、ハマトンのおかげかと思っています。

ほかにも、汲《く》めば、いろいろな叡智《えいち》がたくさん出てきます。読んでもまだ分からない方もいるでしょう。「そういう立場に立たないと分からない」ということはあるだろうと思いますが、ときどきに読めば、役に立つことがあるはずです。

外国語の勉強においては「見切り」が重要

大川隆法　それから、『知的生活』には、「語学」について語っているところもあります。

いちばん厳しいなと思うところであり、そうは言っても、やはり挑戦《ちょうせん》しなければいけないと思うのですが、ハマトンは、「二カ国語を自在に使える人は見たことはある。しかし、三カ国語を自在に使える人は見たことがない」と、はっきり書いています。

「二カ国語を自在に使える人の場合は、両親のどちらかが外国人である。家庭で二つの言葉が使えると、その子供はバイリンガルになる。あるいは、奥《おく》さんが外国人の場合、夫は二カ国語を使えるようになる」というわけです。

確かに、日本でも明治以降、英語で本を書いた人は、奥さんが外国人である場合が多いです。

逆もあります。例えば、『怪談《かいだん》』を書いた小泉八雲《こいずみやくも》は、日本人の女性と結婚し、日本の話を奥さんからたくさん聞いて、それを英語で書いています。それを日本語に翻訳《ほんやく》したものが、今、読まれているわけです。こうした逆のバージョンもあります。

あとは、日本人で、英語の本を書いて欧米《おうべい》でベストセラーになった人は、新渡戸稲造《にとべいなぞう》をはじめ、三人ぐらいいたと思いますが、奥さんが外国人であることが多かったと思います。

ですから、そうとう難しいのです。「そのことを心得《こころえ》よ」ということですね。

当時のヨーロッパの貴族とかには、五カ国語ぐらいやっている人がたくさんいたのですが、ハマトンはその難しさを知っていたわけです。

要するに、「第二外国語以外を勉強する場合は、限度というか、『どのくらいまでやるか』という見切りをきちんとしなさい」ということでしょうか。

渡部昇一《わたなべしょういち》先生は、「ラテン語をやっても、『ガリア戦記』が読める程度のところで見切る」ということをやったそうです。

私も確かに、「このあたりまで、できればよい」というような見切りをやっています。

英語一つでも、「読む、書く、話す、聞く」というのは、なかなかそう簡単にできるものではありません。それでプロになり、お金が取れるレベルにまで行くのは非常に難しく、千人に一人も行き着かないのではないかと思います。あるいは、一万人に一人ぐらいかもしれません。

やってもやっても、行かないものがあるので、「能力を散らさないこと」が大事なのです。ハマトンは、このことを非常に重視して述べています。

読書では、「読む速度」よりも何を読むかの「選択《せんたく》」が大事

大川隆法　ハマトンは、それの別のバージョンとして、「知的生活者は、本を読み続けなければいけない。そして、一つには、『速く処理して読む』ということで、スピードで勝負しようとするけれども、スピードよりも大事なのは、『見切り』である。要するに、『これは要《い》らない』『読まない』という判断のほうが、スピードよりもさらに大切なのだ。選択《せんたく》的な読書のほうが大事で、『これは要らない』ということを見切ることが大事である」というようなことも述べています。

ただ、このようなことを言っても、そうとうの経験がなければ、おそらく分からないと思いますが、私には分かりますし、綾織さんのように「ザ・リバティ」（幸福の科学出版刊）を編集している人なども、この気持ちが多少なりとも分かる

かもしれません。毎月、書きたい記事が山のようにあっても、削《けず》らなければいけないものがあるのではないでしょうか。編集系の統括《とうかつ》をしている斎藤さんのところでも、そういうことは経験していると思います。

今述べたようなところについては、非常に勉強になりました。そのように、『知的生活』のなかには、「知的な生活者の生き方」をいろいろと書いてあるわけです。

「現代のさまざまな便利ツール」と「知的生活」との兼《か》ね合い

大川隆法　日本においては、昔、お坊《ぼう》さんなどがわりあい、そういう生活をしていたことはありました。つまり、お経《きょう》を読んだり瞑想《めいそう》をしたりして過ごしていた人がそうでしょう。それから、西洋では、修道院のようなところで勉強や祈《いの》り、瞑想等をしてきました。こういう知的伝統の系譜《けいふ》を経《へ》てきていると言えます。

そのようなものと比べると、現代は、さまざまな機械で便利になり、文化が変わってきています。例えば、携帯電話《けいたい》、スマートフォン、パソコン等、いろいろとありますけれども、もはや漢字を書けなくなっている人も多いと思うのです。とかく言う私自身、そういうものを使わないのに、それでも字をだいぶ忘れてしまっていて、辞書を引かないと、なかなか思い出せないこともあります。漢字を忘れたり、送り仮名《がな》がどうだったかを忘れたりすることも多いのです。

これは、昔と比べると、やはり、手で書く量が減っているということなのだろうと思います。かつての自分は、書き間違《まちが》いや誤字・脱字《だつじ》、漢字の間違いなどということは、極《きわ》めて稀《まれ》にしかなかったものですが、そういう文化の影響《えいきょう》なのか、最近ではけっこう言葉を忘れてきているので、ちょっと危ないなと感じています。

こういう時代なので、大学等では授業中のスマホ（スマートフォン）を禁じるようなところもある一方で、誘拐《ゆうかい》等の事件に遭《あ》う懸念《けねん》もあるため、学校によっては認めているところもあります。

そのように、今、いろいろな文化が移行期にありますが、知的生活との兼《か》ね合いでは、それがいいかどうかは分からない時期にもなっています。

ハマトンを招霊《しょうれい》し、現代における知的生活について訊《き》く

大川隆法　もし、龍馬《りょうま》ぐらいの時代の人が現代に生まれ変わったとしたら、どういうことを言うかは分からないところでしょう。（質問者に）三人とも勉強を教えたり、情報を伝えたりする仕事をしていると思いますので、今日はハマトンさんの相手をしてくだされればと思います。

少々長くなりましたが、『知的生活』とか、「ハマトン」などと聞いても、現代人には分からない人が増えてきていると思いますので、やや長めの解説をさせていただきました。これを前提にして、霊言《れいげん》に入ります。

よろしくお願いします。

綾織　よろしくお願いします。

大川隆法　それでは、英国で『知的生活』等の名著を書かれたP・G・ハマトン先生をお呼びいたしまして、今日は、「現代的な知的生活」、あるいは「現代に知的生活が成り立つのか」等も踏まえて、今ならどのようにおっしゃるのかといったあたりのことをお訊《き》きしたいと思います。

ハマトン先生、どうぞよろしくお願いします。

（約五秒間の沈黙《ちんもく》）

フィリップ・ギルバート・ハマトン（1834 ～ 1894）

イギリスの名家に生まれるが、幼くして両親を亡くし、叔母《おば》に養育される。オックスフォード大学を出て聖職者になり、議員になるという道もあったが、英国国教会の教義に深い疑念を持ち、進学を断念。スコットランド高地の湖にある無人島に住み、絵画と文学に没頭する。

結婚後、フランスに移住し、随筆《ずいひつ》や伝記を発刊するかたわら、当時の美術界で最も権威《けんい》のある美術雑誌の編集責任者を 25 年間にわたって務める。1873 年、自己啓発の世界的名著となる『知的生活』を発刊。イギリスを中心に、知識階級に多大な影響を与えた。その後も、『知的人間関係』『絵画と版画』など、数多くの著作を生み続け、1894 年、『自叙伝』の執筆途中に死去。

著書の多くは、英語の名文としても高い評価を得、戦前の日本では英語教科書として使われた。

4　時間の無駄遣《むだづか》いをやめる方法

その「媒体《ばいたい》」や「教育」は、「時間の無駄」ではないのか

ハマトン　ハマトンです。

綾織　こんにちは。

ハマトン　はい、こんにちは。

綾織　本日は、貴重《きちょう》なお時間を頂きまして、まことにありがとうございます。

ハマトン　はい。

綾織　（文庫本の『知的生活』を手に取りながら）私も、この『知的生活』を読ませていただいたのですけれども、まず、「まえがき」のところに、「知的生活においての、骨折り損《ぞん》をすることがないように、また、時間を無駄《むだ》にすることがないように、トータルなアドバイスをします」という趣旨《しゅし》のお話がありまして、その上で、当時の方々に、さまざまな観点からアドバイスをされています。

そこで、本日は、現代において知的生活をされている方、あるいは、志《こころざ》している方に、改めてアドバイスを頂ければありがたいなと思っています。よろしくお願いいいたします。

ハマトン　今、あなたが指摘《してき》された点については、現代、ますます重要性を増しているんじゃないでしょうか。

私たちの時代にも、貴族等のなかで、〝見せびらかしの知的生活〟は、けっこう流行《はや》っていましたから。「語学ができて、何カ国語もしゃべれる」とか、あるいは、貴族階級にはね、本をいっぱい見せびらかすような傾向《けいこう》があって、読んだようなふりをしている人もたくさんおりましたけども、やっぱり、実に無駄な努力をいっぱいしているような感じはありました。

現代になると、情報量がもっと違《ちが》ってきておりますので、そこは、「そう無駄な努力をさせたくない」という気持ちからいくと、もっともっと重要なところになりますかね。

他人《ひと》から見れば岡目八目《おかめはちもく》で分かるんですけど、無駄な情報に振《ふ》り回されたりしてしまうし、意外に、本質から外れてしまうことがあるんですよね。

例えば、はっきり言えばね、その〝剣《けん》〟で切れば、「『ザ・リバティ』は無駄か、無駄でないか」っていうことがあるわけですよ。

だから、「お金が無駄かどうか」は分からないけど、「時間が無駄かどうか」ということはあるし、「ほかの雑誌は無駄か、無駄でないか」「新聞は無駄か、無駄でないか」「テレビは無駄か、無駄でないか」「映画は無駄か、無駄でないか」、その他、いろいろありますよね。情報に似たものや、知識に似たものはたくさんある。

あるいは、「学校教育は無駄かどうか」「塾《じゅく》の教育は無駄かどうか」「家庭教師の教育は無駄かどうか」など、たくさんありますよね。

これは、本当に、よくよく考えないと、〝削《そ》ぎ落とす力〟を持っていないと、要するに、頭をいたずらに浪費《ろうひ》して、肝心《かんじん》なときに頭が機能しないっていうか、大事な仕事ができないままに、蕩尽《とうじん》（使い果たすこと）してしまう人はいっぱいいるんですよね。

だから、そういう（無駄を削ぎ落として）〝骨のところ〟をキチッと割り切れないような方……、まあ、作家とかは、自分の資料から作品をつくり上げるような構想力等、いろいろとあって、つくっていくものですけど、だいたい、そこまでの能力のない方がマスコミのほうに流れるんですよね。

そして、その日暮らしの仕事をいっぱいしている。「その日に入ってきた情報をやったり、三面記事を調べたりして、週刊誌が飯《めし》を食っている」というような状態とか、「その週刊誌を見て、また、ワイドショーが飯を食っている」っていうような感じで、二重、三重にやっていて、ある意味では、「同じようなことを延々と見せられたり、読まされたりして、一日の時間が潰《つぶ》れていっている」っていうことはありますね。

だから、今こそ、もう一回、新しい言葉で……、老婆心《ろうばしん》ながら、「時間の無駄遣《づか》いをやめる方法」について、もっと研究してみることが大事だと思います。

選《え》りすぐりの良書から「普遍《ふへん》性のある知識」をつかみ取れ

綾織　特に、若い方の場合、スマホをいじる時間が非常に長いわけです。ある調査では、「大学生の一日のスマートフォンの利用時間の平均が、だいたい三時間ぐらいある」と。

ハマトン　ふーん。

綾織　ずっと、触《さわ》っているわけですよね。

一方で、半分の人が、一冊も読書をしない……、一冊ではありませんね。「一日の読書時間がゼロ」の大学生が……。

ハマトン　半分ですか。

綾織　「半分以上いる」と。

ハマトン　半分ですかぁ。それは厳しいですねえ。

綾織　こういう、「新聞にも辿《たど》り着かない」、あるいは、最近だと、「テレビも観《み》ない」という人もけっこういて、「でも、スマホはいじっている」というような人がいます。

ハマトン　ああ……。

綾織　ですので、ある意味で、「ここ数年間で、かなり情報についての環境《かんきょう》が変わってきている」と言ってよいのかなと思います。

そのなかで、私たちが「知的生活や読書は大事だ」と言っても、なかなか伝わりにくい状況《じょうきょう》があると思います。もし、ここで何かアドバイスがございましたらお願いします。

ハマトン　その根本《こんぽん》には、「知識と情報の区別がつかなくなってきている」ということもあるのかなとは思うんですよね。「知識ではなくて、情報のほうに移動してきている」ということです。要するに、「消費されるもの」という感じですかね。

だから、その日、その日の情報とか、そのときどきの情報を消費することのほうが多くて、「普遍性《ふへん》のあるもの」っていうかね、「ずっと、あとあとまで遺《のこ》るようなもの」を大事にしない。

まあ、スマホでも、シェークスピアの作品の概要《がいよう》ぐらいは出るんだろうとは思うけど、やっぱり、それは、読んでみたのとは違いはありましょうね。そのなかにある普遍性をつかみ取るのと、情報として、「こういうこと」っていうのだけをつかむこととではね。

それでも、知らないよりは、たぶんいいんだろうとは思うんですけどね。

だから、今、知識等が情報のほうに移行していっていて、「知の巨人《きょじん》」みたいな言われ方をする方も、「情報処理の達人」という意味でしか使っていないことも多いですね。情報にしかすぎないことも多いんです。

ただ、知識のなかには、やっぱり、「智慧《ちえ》に昇華《しょうか》していくための基礎《きそ》部分」としての、普遍性のあるものがあると思うんですよ。

それで、本なんかのいい部分は、時間がたってみると、「良書かどうか」、だんだんに分かってくるところがあるということでしょう。

だから、必ずしも、「新しければいい」というものではなくて、良書というのは、必ず選抜《せんばつ》されて遺っていくので、そのあたりで、「読むのに時間がかかるけど、ある意味では、時間の無駄がない」っていうか、「いい本なら読んでおいたほうがいい」っていうところですかね。そういうところはあります。

「どれが良書か分かる」ことが人生の時間の節約になる

ハマトン　ただ、逆に言えば、いろいろな方がスマホで情報を手に入れられるようになることによって、ある意味で、「断片的な知識の民主主義化」が起きているということは言えると思うんですよ。

スマホから手に入れられる情報自体は、東京にいても、九州にいても、北海道にいても手に入れることは可能だから、そういう意味での「民主主義化」は起きているし、それから、廉価《れんか》、安くなっていますよね。情報を入手するのが安くなっている。

（『知的生活』を手に取りながら）一方、こういう文庫本でも、見れば、「千六百円」と書いてありますから。千六百円なら、昔ならハードカバー本がちゃんと買えた値段ですよね。だから、こんなに高いけど。

ただ、この『知的生活』の内容を、スマホで探《さぐ》って……、まあ、私は何が書いてあるのか知らないから、出てこないかもしれないし、「ハマトン」って出るかどうかは知りませんが、「それで分かった気になるか」、やっぱり、「この本を読むところまで行くか」という、これ、労力には、そうとう差はあるでしょうね。

だから、私は、（スマホは）ないよりはいいと思うし、「知的世界」というか「職業に関する民主主義化」には、役に立っているとは思うんだけど、大学生が特に問題だと言われているのは、人生のなかの、要するに、「仕事をしないでも勉強だけしていたらいい」っていう時期に、やるべきこととは何かって言うと……。

仕事をしながら勉強するとしたら、本当に、「ハウツーもの」とかになってしまうことが多い。それこそ、新聞や週刊誌ぐらいで情報を手に入れるようになってしまう傾向があるものですけど。

たっぷり時間があるときに、それを、「時間がない人の使い方みたいにして、あとの時間は、いったい何をしているのか」というところが大事かなと思いますね。

今朝《けさ》、大川総裁が（こちらに）出てくる前にも、奥様《おくさま》の紫央《しお》さん（幸福の科学総裁補佐《ほさ》）に言っておられましたけど……。紫央さんの執務《しつむ》室の上のほうを見ると、大川隆法の著作集をザッと背景の本棚《ほんだな》に並べていて、片側のほうは、（総裁が）推薦《すいせん》されていたような良書だけで固めて、何百冊かあるんですね。

その良書を（総裁補佐が）丁寧《ていねい》に、少しずつ読み進めているのを見て、総裁のほうが、「うらやましいなあ。こんないい本だけを繰《く》り返し読めるなんて、うらやましい。私は、そうした本をつくったり、どれが良書か分かったりするのに、ものすごい時間をかけて、たくさんの本を読まなきゃいけなかったので、むしろ、うらやましいな」っていうように言っていた会話をちょっと聞いていて、「そうなんだよね」っていう感じでしたかね。

だから、スマホみたいなものも、もうちょっと機能が上がるかもしれませんけどね。もう少し見識のある人等が、（情報の）重要度を、もうちょっとチェックし始める時代が来るとは思いますけど。

私たちの時代から、今、現代に至るまで、やっぱり、よく勉強なされた良心的な方が、「これを読んだほうがいい」とか、「これは、もう雑情報、読まないでいい」とかいうようにふるい分けてくれると、人生の時間が節約になるし、学生とか、その勉強でも、良書を読んだほうが効率がいいのは確実ですから。それはねえ、読んだほうがいいと思いますよ。

良書を読み込《こ》むなかに得られる喜びや幸福感

綾織　やはり、情報に触《ふ》れるだけで終わってしまうのに対して、「良書を読み込《こ》んでいく」ということのなかには、喜びや幸福感というものがあると思います。

それをあまり経験していないところにも、情報に流れてしまう原因があるのかなと思うんですけれども。

ハマトン　そうですね。

綾織　改めて、現代における知的生活の喜びや幸福感というものを、どのように求めていったらよいのでしょうか。

ハマトン　いやあ、あなたがたの時代は便利で、とってもいいんだろうと思うし、編集部の方に言うと悩《なや》ましいだろうけど、昔の時代の、袋《ふくろ》とじでさあ……。「袋とじ」って言うと、君たちはいやらしい本しか知らないかもしらんけど、名著というか、名前の高い方の新刊本というのは、だいたい袋とじであって、それをペーパーナイフで一つずつ破って開けていくと、「この本は自分が初めて読むんだ」っていう感じの喜びがあって、これはかなり高級な喜びなんですよ。ナイフでピシッと切って、袋を開けて、その二ページを読んで、また、次も開けて読んでいく。この喜びは、今、もうないでしょうね。簡単に、いろいろなものや情報は手に入るけど、ないだろうね。

そういう意味で、貴族がいた時代は、ちょっと高級な部分があって、いいところもね、素晴《すば》らしくいいところもあった。

ただ、そういう恩恵《おんけい》に浴さない方々もそうとういて、労働者階級が九割はいたでしょうから。そういう人たちも、今、スマホとかインターネットとかで、いろいろな情報が取れるようになったということは、それは底上げにはなっているとは思うので、それでも十分、役に立つ部分はあるのでね。

だから、ハマトンの本を、古本屋まで行って探して買ってくると、けっこう「時間」もかかるし、「お金」もかかるし、「労力」もかかりますよね。また、読むのにも時間がかかる。下手《へた》をすれば、読むのに一カ月かかる。これをスマホで要約してくれてたら、それだけ読めば、頭に入ったような気になる。それは便利で、私は悪いことではないと思います。

ただ、大学のレポートとか答案に、そのまま写して書かれたんでは、賢《かしこ》いんだか賢くないんだか。まあ、「賢い」とは言えないよね。誰《だれ》でも同じになるからね。だから、同じ答案を何枚も読んだ教官は、だいたい、みんな怒《おこ》り始めるでしょう。十枚も読んだら、もう腹が立ってきますわね。まあ、そういうことが言いたいんだろうとは思いますが。「もうちょっと、知的努力をせよ」ということなんだろうとは思います。

「普遍《ふへん》的知識」と「時事的情報」を見分ける難しさ

ハマトン　ただ、「便利になったことは事実だ」というようには言っておきたいんです。全部、否定してはいけないし、いろいろな情報の入手が廉価になったよね。

例えば、「ザ・リバティ」みたいな雑誌は幾《いく》らか、私は知らんけども。幾ら？

綾織　五百四十円です。

ハマトン　五百四十円でしょう？　だけど、そうした情報を、「ザ・リバティWeb《ウェブ》」みたいなもので取ると、もっと安いんでしょう？

綾織　あっ、ウェブですか。

ハマトン　何か、ウェブみたいなもので……。

綾織　ウェブにも出ていますが、「無料」と「有料」とがあります。

「ザ・リバティ Web」では、本誌記事のほか、ニュース解説や仕事に役立つ記事を毎日配信している。

月刊「ザ・リバティ」2018 年 12 月号（幸福の科学出版刊）

ハマトン　無料もあるの!?

綾織　無料で出ている記事もありますし、有料で出ているものもあります。

ハマトン　有料は幾らぐらい？

綾織　同じく月間五百四十円です。

ハマトン　あっ！　五百四十円も取るの？

綾織　はい。それは……。

ハマトン　それは高い。では、読む人は少ないでしょう（会場笑）。

綾織　でも、まあ……（笑）。

ハマトン　でも、それは、雑誌の部数が減っているだけでしょう?　おそらくは。同じ値段なら減っているはずだ。

綾織　紙の雑誌とは〝違う情報〟も出ていますので、両方取ってくださる方もいます。

ハマトン　ああ。情報量は変えてる?

綾織　はい。「デイリー（日刊）」で出している記事があります。

ハマトン　ああ、やってるのと……。ああ、そう。

綾織　それで、「マンスリー（月刊）の雑誌と両方を購読《こうどく》している」という方がいらっしゃいます。

ハマトン　私が小耳に挟《はさ》んだのでは、「大川総裁の本が多くなってきたので、家が狭《せま》くなって部屋に置けなくなったんだけど、捨てると〝仏罰《ぶつばつ》〟が当たる可能性があるから捨てられない。『ザ・リバティ』は捨てていいんだろうか、みたいなことで悩んでいる人が多い」っていうのを聞いたことがあるんですが。

綾織　そうですね……。まあ、一定の時期が過ぎればいいかと思いますけれども（苦笑）。

ハマトン　それだったら、「ザ・リバティ」を置いておく場所がなくなってくるわけだから、そのなかで、編集長が特に注目するところだけ、赤で囲っておくか何かして、「最後は、ここだけ切り取って保管してくだされば、あとは捨ててもいいです」と言えば、仏罰は当たらないと思って買えるかもしれないね。

いや、難しいんですよ。書き手のレベルもあるしね。雑誌もそうだし、新聞もテレビもそうだけど、無名の人の意見が満載《まんさい》なので。それ、もうちょっと、大事なやつだけピックアップ（拾い上げ）して、やってくれないかなっていう。

新聞だって、ほとんど広告のためだろうけど、何十ページもあるんですよね。

記事だけ読んでも、本一冊分ぐらい十分にあるから、まともに読んでたら、すごく疲《つか》れる。だから、朝、会社に着いたときは、もう疲れ切っている人が、いっぱいいらっしゃるわけですよね。あれ、これから書類を読むんですから。

だから、あなたの顔が引きつると思うけど、本にもね、無駄に見えるところがあるので、ここで……、まあ、本当に難しいだろうね。

だから、今は、どうしても、「普遍《ふへん》性のあるもの」と、「ちょっと時事的に知っておかなきゃいけないもの」と、両方があるから、そのあたりの場合分けは難しくて。時事的なものは過ぎ去っていくので。

例えば、今年のニュースでも、やっぱり、「一年たったら要《い》らないもの」っていうのはあるので、そういうものに、あまり時間を費《つい》やすのは虚《むな》しいですしね。

でも、それ以外にもまだ、みんな、有名人の情報をフォロワーみたいになって、毎日、一生懸命《いっしょうけんめい》追いかけたりして時間を使ってるんでしょう? まあ、大変な時代ですね。これでは下手したら、まともな本は一冊も読めないですね。

知的生活者は四十歳《さい》になっても名門校の生徒ぐらい勉強している

綾織　このあたりの時間の使い方が本当に難しいわけですけれども、仮に、「知的生活をしたい。読書をたくさんしたい」というように思って志している人であっても、〝情報の波〟というものもありますし、仕事やほかの勉強もあったりして、知的生活を現代において確立するのは、けっこう難しい……。

ハマトン　でしょうね。

だから、私たちの時代で言うと、貴族たちがみんな、外国語をいっぱい……。まあ、ヨーロッパ、今のEUでも必要でしょうけどね。二十何カ国あるから、言語がいっぱい分からないと食べていけないし、〝あれ〟ですけども。

貴族が何カ国語もできる、五カ国語ぐらいできるのを、みんな自慢《じまん》にしていたけど、けっこう、いいかげんなレベルのものが多くて、ほとんど時間の無駄になった部分はあると思うんですよ。

今、あなたがたも、「一週間、英語しかしゃべれない」という〝英語合宿〟みたいなものをやって、詰《つ》め込んだりしているとは思うんだけど、私らの時代でも、例えば、「ギリシャ語をやる」とか、「ラテン語をやる」とかいったら、「島のなかに閉《と》じ込めて、『それ以外は使ってはならない』というような強化合宿をやって、にわか勉強して使えるようにする」みたいなことはあったんですが、ほとんど、虚しく風化していくものがあって、やっぱり駄目なんですよね。

だから、あと、もう一つ言いたかったことは、知的生活者は、四十歳《さい》になっても、実際上、イギリスのパブリックスクールのイートン校の十四歳の生徒が勉強しているのと同じぐらい勉強しているんですよね。

だけど、現実は、四十歳の社会人はねえ、社交があって、お酒を飲んで、付き合いがあったり、ゴルフをやったり、パチンコをやったり、デートをしたり、いろいろなことをして、何だかんだで時間を潰していっている。

だから、一冊も本を読まないっていうようになってきたら、これは、もうほとんど、「その会社から離《はな》れたら、何かリフレッシュしている」ということなんでしょうから、情報だけを、そういうスマホみたいなもので取れば済むというところで、新聞も読まないいんだろうとは思いますけどね。

まあ、これは価値観だから、何が幸福かは、一生、生きてみて死んでみないと分からないから、何とも言えませんけどね。もっとも、昔の時代だって知的な人はいたけど、今みたいに本がいっぱいあったわけでもないんですけどね。ただ、やっぱり、書き手もそれだけの人たちであったろうからね。

昔は、本が書けるほどの人っていうのは、そうとうな方ですけど、それを、また、活版印刷がないから筆写《ひっしゃ》してね、写したりして、回し読みするぐらいの難しさでしたからね。

それを考えると、全般《ぜんぱん》には、現代人のほうが賢いのかなと思いつつも、宗教に象徴《しょうちょう》されるような、心に影響《えいきょう》するような内容になってくると、「その内容がすごくお寒い感じになる」ということは言えるかね。

5 「二種類の知」の見分け方

本を読み抜《ぬ》く「強い意志力」が「偉人《いじん》をつくる力」になる

斎藤 『知的生活』に少し関連するのですけれども、このご著書のなかに、「すべての知的労働者が取り組まなければならない仕事というのは、『強い精神力』というものが要求されるのだ」というように書いてあります。

ハマトン そこ。そこなんですよ。まさしく、それなんですよ。

だから、「本を読むのと、スマホや携帯《けいたい》等で情報を取るのとでは、何の違《ちが》いがあるんだ」と、若い人はみんな必ず言うんだけど、この「強い精神力をつくる」

というところが分からないんだろうと思うんですね。本を一冊読み抜《ぬ》く。(『知的生活』を手に取り)これでも、文庫本であるといっても、五百六十ページぐらいありますから。

斎藤　大著《たいちょ》な……。

ハマトン　これを読み抜くっていうのは、今の読書力から見れば、一カ月ぐらいかかる可能性もあると思うんです。

これを読み抜いて……、まあ、読むだけなら読めるけど、中身はその場で忘れてしまう人がいますから、「この内容をつかむ」っていうのは、すごく意志力が要《い》るんですよ。強靱《きょうじん》な意志力が要って。こういうのを積み重ねなければ、「知的なことに値打ちがある」ということの意味が、本当には分からないんですよ。

だから、こういう本を読んで知的鍛錬《たんれん》をしてきた人であればこそ、これを咀嚼《そしゃく》して、読みこなすことができるんだけど、それには強い意志力が要ります。精神力を鍛《きた》える、その強い意志力が仕事をするんですね。

この「強い意志力」が、大きな判断のとき、あるいは、決断のとき、何かをつくり出すときに、「やり抜く力」を与《あた》えてくれるんです。強い意志力は、「忍耐心《にんたいしん》」を持った継続《けいぞく》的努力」のなかから生まれてくるんですよ。

この強い意志力っていうのが、実は、「偉人《いじん》をつくっていく力」なんです。昔から、「千秋《せんしゅう》の人」っていいますがね。千年も名前が遺《のこ》るような人というのは、やっぱり、「万巻《まんがん》の書を読むべし」って言われてるじゃないですか。それは、同時に意志力を鍛えることにもなるからですね。

だから、今、そこが落ちている。情報としてだけ取った場合は、意志力が落ちる。

テレビが流行《はや》った時代も言われたと思うんですが、テレビを観《み》るのに意志力は要らないんですよ。その意味で〝受動的〟でありすぎるので、そのへんは軽薄《けいはく》になっちゃう。だから、すぐテレビをつけて、観て、時間を潰《つぶ》しちゃうっていうのは、孤独《こどく》な時間のなかを耐《た》えられない人間たちが増えてくるっていうことですよね。

まあ、テレビと映画でも、多少違いはあるわね。映画でも、映画館まで足を運ばないと観られないから、けっこう面倒《めんどう》くさいですよね。片道行くだけでも、すぐに三十分、一時間はかかるし、半日が潰れてしまいます。

でも、映画をつくるのを見たら、撮影《さつえい》して、そのあと、それを編集して、音を入れて、台詞《せりふ》も入れ直して、音楽を入れて。これを、何度も何度もチェックしながら編集作業をして、二時間ぐらいの映画をつくり上げるには、一年ぐらいは普《ふ》通《つう》にかかってるでしょ？　場合によっては、二、三年かかっている。

だから、一年かかって二時間のものをつくる。情報量的には、一冊の原作本を二時間の映画にしてるけど、一年かかってつくるっていうのは、そうとうの知的なエネルギーがかかっているわけですよね。アニメでも、三年かかったりしてつくってると思いますが、やっぱり、それだけコンデンス（凝縮《ぎょうしゅく》）されたものっていうのは、そこに何か工夫《くふう》があるということは言えると思いますね。

「インテリジェント」と「インテレクチュアル」の違《ちが》い

泉　私も、大川総裁の『黄金の法』（幸福の科学出版刊）でハマトン先生のお名前を拝見し、渡部昇一《わたなべしょういち》先生の本で深く知って、原著も読ませていただきました。

もともと、『知的生活』は英語では『The《ジ》 Intellectual《インテレクチュアル》 Life《ライフ》』ということですが、渡部先生も、「ハマトンは、知にも二つあると言っている。『インテレクト（intellect）』と『インテリジェンス（intelligence）』だ」ということをおっしゃっています。

先ほども「情報」というお話がありましたように、現代人が、その情報のほうで満足してしまうということは、渡部先生のたとえで言うと、「ワシの知性（インテレクト）」と「ダチョウの知性（インテリジェンス）」というものがあるのですが、受験勉強も含《ふく》めて「インテリジェンス」、「この世的な現実処理能力」だけで知を満足しているという問題点もありますし、また、学校教育も、「受験」ということがゴールになっているのではないかと思うのです。

そこで、それを超《こ》えた「インテレクチュアル（intellectual）な価値観」といったものを、学校教育も含めて広めていくには、どういうことが必要だと思われますでしょうか。

ハマトン　うーん、まあ、インテリジェンスの前の「インテリジェント

●「ワシの知性」と「ダチョウの知性」……　ハマトンが『知的生活』のなかで取り上げた「インテリジェンス」と「インテレクト」の違いについて、渡部昇一氏は、「日常的な処理力のように、地に足がついているという意味での知力（ダチョウの足）」「空をかけ、鳥瞰《ちょうかん》して全体を見るような、より高い知力（ワシの羽）」といった説明をしている。

(intelligent)」のほうでしょうね。「インテリジェントな人間」をつくっているような学校教育は多いですよね。

要するに、別な言葉で言えば、「知能が高くて、物事の処理がキチッとできて、書類仕事とか、会社仕事もできていくような人間」が、インテリジェントな人間でしょうね。

渡部昇一さんは、おそらく、「受験秀才《しゅうさい》の王道を行っている人たちは、そういう人たちだろう」というふうに見ているわけで、確かに、教科書だけとか、そういうものでマスターして、サッと試験に受かっていく人がいますわね。それは、要領もいいし、たぶん地頭《じあたま》がいいんだろうし、そういう人が、この世で出世していく時代が長く続いていますわね。

だけど、「インテレクチュアルは、それとは違《ちが》う面がある」ということを言われた。

まあ、これに対しては、「それは劣等感《れっとう》の裏返しだ」というような反論はあったんですけども、この比喩《ひゆ》としては、先ほど総裁が言われたように、お寺の坊《ぼう》さんや、あるいは、修道院の尼《あま》さんや修道士たちの生活を見れば、明らかに違うものですよね。世の中で何が起こっていようが、自分たちは、やらなきゃならないものを極《きわ》めようとしてやってますよね。これが、「インテレクチュアルな生活」ですよね。

だから、本当に頭の回転が速くて、ビシバシと決めていけるような、そういう仕事能力に直結する「インテリジェント」の部分は、確かに、〝頭がいい〟と判断されて、この世で重宝《ちょうほう》されるところもあると思うけれども、そうしたもので成功できなかった方の道として、「インテレクチュアルな道がある」とおっしゃったんだと思うんです。

これに関して、「大所高所《たいしょこうしょ》から物事を見る力」みたいなもので、国王とか女王とかでも、特にそういう方がいらっしゃる。名君といわれる方々は、受験で競争して偉《えら》くなったというわけではない方々ではありますが、そういう物事の本質を見抜いて、「こうではないのか」と言うことがあり、すごく優《すぐ》れた、英邁《えいまい》な知性になる場合があるというところ。そのように、経験的には知っている人がいるということですね。

そういうことを言いたかったんだろうと思うんです。

「インテレクチュアル」を教えられるのは知的生活の経験者

ハマトン　学校教育で教えられるのは、やっぱり、その「インテリジェント」な部分で、「インテレクチュアル」なところは教えられない。「インテレクチュアル」なところを教えられる人っていうのは、実際にそういう生活を経験したことがある人です。

斎藤　経験……。

ハマトン　うん。だから、渡部昇一さんで言えば、いったん退職した方（恩師の佐藤順太《さとうじゅんた》氏）が、欠員が出たので英語教師として帰ってこられて、その人が、実際に知的生活をやっている方であった。英書を読み続けたり、漢文の昔の本を読み続けたり、あるいは、百科事典のある項《こう》を書かれたりするような方が田舎《いなか》に隠《いん》棲《せい》されておったという。

こういう人が（英語教師として）戻《もど》ってきて、すごくその人に影響《えいきょう》を受けて、「もう一段深いものがあるんじゃないかな」ということで、研究者を志《こころざ》したということだったと思うんですけどね。

宗教にも、そういう面はあると思うんですよ。

幸福の科学では、けっこう「インテリジェント」な部分も教えている。みんな、この世で役に立たない人間になっちゃいけないから、ちゃんと教えているとは思うんだけれども、この世的には通用しないというか、〝役に立たない知識〟も、ある意味では教えてはおりますわね。

だから、媒介《ばいかい》できるものは、何と言うか、「人物論」とか、「志《こころざし》」とか、「精神生活」、「倫理性《りんり》」みたいなところが、「インテレクチュアルなところ」につながっていく部分としては存在するのかもしれませんけれどもね。

6　決定的に大事なものは「公明正大さ」

公明正大な考え方のレベルにまで届く知的生活をせよ

ハマトン　私も、本のなかに書いてあるんですけれども、「知的鍛錬《たんれん》を長くやって、忍耐力《にんたいりょく》もあって、そして、仕事ができて、偉《えら》くなる人もいる。だけど、やっぱり、その先に、決定的に大事なものがある。その決定的に大事なものは何かと言うと、公明正大（公平無私）さだ」と書いてあると思うんです。そして、「この公明正大さというのは、求めないと得られないものなのだ」ということを言っている。ここまで行かないと。

知的生活者は、この公明正大な考え方ができるようになるところまで届かないと、駄目《だめ》なんですよ。だけど、そこまで行かない人が多いんですよ。

「勉強ができる。人より先に要点をつかんで、いい点数を出せて、仕事もチャチャッと要領よくやれて、こなしていけて、出世も早くて」っていうだけの人は、要領がよくて、インテリジェントも高いんだけど、それを自分のためだけに使っちゃう。

要するに、エゴイストになって、ほかの人を競争で排除《はいじょ》したり、蹴落《けお》としたりして、自分の出世とか収入とか、自分が得をするために、そのインテリジェントの開発に励《はげ》む人がいっぱいいいるんですよ。

受験で見ればそうでしょ？　塾《じゅく》の大多数は、「これをやれば、手軽に知識が入って、偉くなれて、いい学校に入って、そのあとは、出世して収入もよくて、きれいな嫁《よめ》さんをもらえて、地位が上がるぞ」というような感じの教え方をしているじゃないですか。だけど、それは、要するに、自己保存本能といいますか、

「利己心のほうにつながるインテリジェント」であることが多いんですね。

私は、そういう知的勤勉さや、それによってできる「頭の強さ」、「能力の高さ」や「回転の速さ」を否定しません。それは大事な能力だと思います。実際に仕事の役に立つと思います。少なくとも、その人の出世には役に立つと思う。そういう意味での満足は得られると思います。

ただ、そういう人が、要するに、自分のためだけにそれを使っちゃ駄目なんですよ。そういう人が、「公明正大な精神」を持てるようになっていかなきゃいけないんですよ。そうであってこそ、人の上に立っていただきたいんですよ。よく勉強した人が、人の上に立って、「公明正大の精神」を持って、人々の考え方や苦しみ、悩《なや》み、それから、どうやったら幸せになるかということを見渡《みわた》すことができてこそ、リーダーになって、導けるんですよ。それがエゴイストになったら駄目なんで。

だから、〝頭のいいエゴイスト〟がいっぱいいて、これが現代の害悪になっているわけですね。

自分が得たアチーブメント（成績）、大学とか、あるいは試験とかいろいろあるけど、そういうアチーブメントを、自分だけの特典にしてしまう方が多くて、あるいは、家族ぐらいまでは及《およ》ぶのかもしれないけども、ほかの人はそれで泣きを見ているだけみたいなのは、やっぱり駄目なんですよ。相撲《すもう》で、片方が片方を土俵《どひょう》から突《つ》き落とすような戦いをしてるわけじゃないんですよ。知的に優《すぐ》れた人は、大所高所《たいしょこうしょ》から人々を見て、公明正大に人々を配慮《はいりょ》できなきゃいけない。

経営者とかになっても、人の上に立って、公明正大な心でもって、「この人を、今、引き上げていかなきゃいけない」とか、「この人は、ちょっと害を生み出している」とか、こういう、利己心のために生きている人と、そうでない人とを見分ける力が必要なんです。その心は求めないかぎり、つかないので。

ここはねえ、ほとんどの進学塾とか進学校、それから、大学の人たちが教えていない部分だと思いますね。

そういうふうでなきゃいけないんですよ。知的に優れた人が、「もう一段大きな志《こころざし》」を持って、人々を導けるような境地に辿《たど》り着かなきゃいけない。

これは、宗教的に言えば「悟《さと》り」かもしれないけど。私はそちらのほうでは言うことはできないけども、あえて言うなら……、だから、正直であることも大事ですよ。知的に正直であることも大事ですが、正直であることよりも、この公明正大であることのほうが、さらに大事なので。

だから、知的によく勉強なされた方っていうのは、やっぱり、リーダーになりやすいと思う。「そのリーダーが、どれだけ公明正大な心を持って人々に接しているか」っていうことが、国の発展力にもなるし、会社の発展力にもなるし、人々を腐《くさ》らせず、生かす力になるし、民主主義でも、ほかでも、よきリーダーになる力になると思います。

勉強するなかで、「利他《りた》の心」「公共心」「志《こころざし》」を持つ必要がある

泉　今、お教えいただいた「公明正大さ」ということが、教育改革、革命の一つのキーワードと思ってもよろしいでしょうか。

ハマトン　うーん、まあ、「公明正大」だけでは、今はもう、分からないかもしれないね。

その意味が分からないかもしれないけども、勉強して知識を得て、高得点を取るっていうのは、けっこう〝利己的な行為《こうい》〟なんですよ。その期間ではね。

要するに、ほめられるしね。順位がついたりして、親にもほめられるし、学校の先生にもほめられるし、就職にも有利になるし、自分でも自己満足になるじゃ

ないですか。繰《く》り返し自分をほめる力になって。

その意味で、前半生としては幸福なことは多いんですけども、後半生では幸福でない人がいっぱい出てくることがあるんです。その人も幸福でなければ、その人と関係のあった人にも幸福でなくなる人が、やっぱり出てくるので。

それを別の言葉で言えば、まあ、あなたがたの言葉で言えば、やっぱり、「利《り》他《た》の心」とか、そういうものでもいい。「利他の心」や、「公共心」とか、そういうものでもいいと思います。「公《おおやけ》の心」でもいいと思います。「志《こころざし》」という言い方でもいいと思います。

だから、勉強自体は、個人で取れば〝利己心〟に当たる。要するに、単語一つでもよく覚えれば、点数が上がって成績がよくなって、就職に有利になるとかはあると思う。それは、私も否定しない。そういう努力する期間がなければ、そのあと成長しませんので、その鍛錬は大事です。

ただ、そのあとに、やっぱり、求め続ける「公共心」っていうかね。「公明正大な心」というか、そういうものを持ってることが大事で。そうなったら、知的生活者も本物だけど、「単なるインスピレーション、人が思わないようなことを思いついて、何かでヒットして、金が儲《もう》かるとか、名前があがるとか、そんなのばっかり狙《ねら》う、穴馬《あなうま》ばっかり狙うような感じ」になれば、よろしくないっていうことですかね。

7　知的生活によい友人と伴侶《はんりょ》の選び方

バランスが難しい「知的生活」と「人間関係」

綾織　その公共の精神、公《おおやけ》のためということで言うと、ハマトン先生は、『知的人間関係』という著書も書かれていまして、このなかでは、「知的生活の部分」と「人間交際の部分」とのバランスが非常に難しいということで、さまざまにアドバイスを下さっています。

ハマトン　いや、難しいですよね。

綾織　ええ。現代において、人間関係を保ちながら、幸福の科学で言うと、教学というものもあると同時に、伝道活動があったり、政治活動があったりと、やはり、外に向けても出ていかなければいけないところがあります。

ハマトン　うーん……。

綾織　そうしたバランスのところについて、現代人に対してアドバイスを頂けるとしたら、どういうものがありますでしょうか。

ハマトン　私の本は、そうした大きな組織をつくっていったり、広げていったりする人用の本では、たぶん、なかろうとは思うんですが。

知的生活をやる人は、やっぱり、孤独《こどく》です。基本的に孤独になるので、一人で書物と相対峙《あいたいじ》したり、二千年前の人、あるいは二千五百年前の人、例えば二千五百年前の仏教、仏陀《ぶっだ》の言葉と相対峙したり、二千年前のイエスの言葉と相対峙したり、あるいは、ソクラテスの言葉と相対峙したりしてるわけですよ。

だから、孤独な時間、「夜の時間」や「朝の時間」に、例えば、ソクラテスの言葉を読んでいるというのは、それ自体は、この世的にすぐに役に立つことではないし、本人の幸福ではあるけれども、孤立して孤独になることは傾向《けいこう》的にはあるので、気をつけないと、心を病《や》む場合もありますから。

非常に難しいことは難しいんですが、やっぱり、そうした知的生活を分かっているような、数少ない友達を見いだすのは非常に大事なことで、そうした人と知的な会話なんかをすることが、自分を護《まも》ったり、精進力《しょうじんりょく》を保ったり、いろいろなもの、本を書いたりしていくための力にはなるわね。

昔から、作家なんかでも、作家同士で集まりとかがありますけどね、刺激《しげき》し合う部分があったほうがいいですわね。だから、過去の方ばっかりでなくて、現代の方とも付き合えたほうがいい。

宗教なんかでも、いろいろな宗教があるから一概《いちがい》には言えないけれども、本を読んだりすることを重視する宗教であれば、そのなかで、自分と話し合えるような方を見つけ出すのは大事なことですよね。

「法友《ほうゆう》」って言うのかもしれないけれども、そういう人たちと話し合うことによって、何て言うかな、孤独の弊害《へいがい》を避《さ》けながら、人間としての正常な精神状態を維持《いじ》することは大事でしょうね。

特に、インスピレーショナブルになって、霊界《れいかい》から、いろいろ声が聞こえてきたり、言葉が降りてきたりするようになってくる人もいると思うけれども、十分な危険性をはらんでいます。その意味でも、知的鍛錬《たんれん》の基礎《きそ》をつくって、「常識的な部分」とか、「この世の仕事の仕組み」とかをキチッと見極《みきわ》めていけるような頭があるほうが、間違《まちが》いなく自分の身を護れると思うんです。

インスピレーションそのものだったら、どういうものが入ってくるかは分からないので。「知的能力」と「高い精神性」を維持することで、インスピレーションを受ける場合でも、〝邪道《じゃどう》系のもの〟を避けて入らないようにしたりしないと、精神に異常を来《きた》すことがありますから。ここは非常に大事なところなんですよ。

だから、頭脳を鍛《きた》えていること、継続《けいぞく》的忍耐力《にんたいりょく》を発揮して、強い意志力をつくっていること、それから、中身のある本、精神的な、あるいは宗教的な本を読んで、会話ができるような友人を持っていること、こういったことが「安定」に非常に役に立ちますよね。

最終的には、私もそうだし、ほかの人もそんな人が多いけど、やっぱり、妻とかが非常に大事なところがあって。そうした会話ができる妻とかが存在することは、究極の慰《なぐさ》めに当たるかなというように、私は思いますけどね。そうしたら、人生は虚《むな》しくないし、悲しくないし、寂《さみ》しくない。

事例　J・S・ミルの伴侶《はんりょ》――教養、包容力、洞察力《どうさつりょく》、そして……

斎藤　ハマトン先生の奥様《おくさま》は、ユージェニイさんというフランスの政治家の娘《むすめ》さんでいらっしゃって、ご著書に奥様への献辞《けんじ》を載《の》せていますけれども。

ハマトン　（『知的生活』を手に取って）まだそんなものを遺《のこ》してあるんですか。

斎藤　ええ。「二人で学んできたものは、すべて二重に私の血肉《ちにく》となっているように思います。できることなら、私の仕事をすべてあなたと共同でやりたいというのが、私の生涯《しょうがい》の夢とも言うべき理想なのですが……」と書いてあります。

ハマトン　ああ、書いてある。今、こんなことを書くとねえ、奥さんに反乱を起こされる可能性があるんですよね。「こんなのを書くんだったら、あなた、貯金を半分ちょうだい」とすぐ言われるから、気をつけなきゃいけない。

斎藤　（苦笑）奥様をとても愛しておられたのだなという感じがしますけれども。

ハマトン　昔だから書いてもよかったんだ。

斎藤　ハマトン先生の人生を振《ふ》り返って学ばせていただいたのですが、ハマトン先生が生まれたあと、数日してお母様がお亡《な》くなりになってしまっています。それを悲しまれたお父様も、傷心《しょうしん》のあまり、発狂《はっきょう》状態に近いかたちになって、ハマトン先生が十歳《さい》のときにはお亡くなりになってしまいました。

莫大《ばくだい》な遺産があったので、少年時代にはお金に不自由はなかったと聞きますが、面倒《めんどう》を見てくれていた後見人《こうけんにん》の方が不正直で、〝中抜《なかぬ》き〟のような感じで、お金をかなり騙《だま》し取ったりしています。

こうした、非常に悲惨《ひさん》な人生で、知的正直の理想的な姿とは別に、ドロドロのと言ったら変ですけれども、かなりつらい状況《じょうきょう》のなか、大学には行かずに独学で知的鍛錬・知的生産の道を歩まれました。

今、お話をお伺《うかが》いして、非常に美しい心境と知性の輝《かがや》きを感じたのですが、そうしたものを得るために、人生の苦難・困難を乗り越《こ》えていくコツというか、ポイントがございましたら、教えていただければと思います。

ハマトン　奥さんの話から出てきましたけど、例えば、ジョン・スチュアート・

●ジョン・スチュアート・ミル（1806 〜 1873）　イギリスの哲学者、経済学者。3歳から父の天才教育を受ける。東インド会社に勤務しながら、『経済学原理』『自由論』等を発表。ベンサムの思想を発展させて、功利主義哲学を打ち立てた。死後、義娘ヘレンによって『ミル自伝』が発表された。

ミルさんなんかも、そういうところがありますよね。『自由論』とかを書いたミルさんなんかも、七歳のころには、すごい天才でね。ギリシャ語から、ラテン語から、いろいろなものをマスターするぐらいの天才で、お父さんに教わって、もう勉強は終わっていて、二十歳《はたち》ぐらいまでには大学に行かなくても大学教授ができるぐらいの知性になっていた方ですよね。

でも、天才の孤独さと悲しさはありまして、そのあと、鬱病《うつびょう》みたいな感じになったんだろうと思うんですけど。そうしたときに、人妻だった人で、非常に教養のある方を好きになられて、相手の旦那様《だんなさま》が亡くなられるまでじっと待たれて、亡くなられてから結婚《けっこん》なされていますけど。非常に包容力のある、珍《めずら》しい知的な教養のある女性だったようで、それで天才が護られた部分はあって、いい仕事をいろいろされたようですけど。

そういう女性はすごく少ないいんですよ。本当に少ないいんで、そういう方と結婚できる人は本当に幸福ですわね。

まあ、学校秀才《しゅうさい》まではつくれるんですけど、それより上に、実際に、知的な女性として、教養の深い、何て言うかなあ、その教養の深さは、さっき言った公明正大さとは、女性の場合はちょっと違うかもしれないですけども……。「洞察力《どうさつりょく》の深さ」とか、そういうものでしょうかね。「洞察力」や「人間を見る深さ」みたいなものですかね。あるいは、ある意味で、「予知能力」かもしれないけれども、夫のほうが迷っているときに、「こうしたほうがいい」っていうことを助言できるような女性ですよね。

そういう方と結婚できる幸福っていうのは、たまにしかないので、うーん、難しい。

今の、塾《じゅく》で勉強して、進学校に行って、有名大学に行かれた方がみんなそういうふうになるとは、私は必ずしも思えないので。まあ、一部いるとは思うんですが。

要するに、同じ卒業証書を取っていても、インテリジェントの高さで測られてそうなってる方と、本当に知的生活を理解しておられる方を見抜かなきゃいけないと思うんです。

そういう方を見抜いて、伴侶《はんりょ》に得られた方は幸福だなと思います。

「貧乏《びんぼう》でもお金持ちでも王道あり、同時に邪道《じゃどう》もあり」

ハマトン　あと、人生の悲惨についてもいろいろおっしゃられましたが、それでも、財産が遺されてたってことはありがたいことだと思います。まあ、私のほうは、渡部昇一《わたなべしょういち》さんにも影響《えいきょう》を与《あた》えていますけど、やっぱり、「財産がある」っていうことは、いろいろ教養をつけるための〝時間を縮める〟ことにはなります。

海外に旅行したり、留学したりするには、財産があることはいいことなんで、そのいいところだけほめてますけども、もちろんマイナス面もあります。

財産があることで堕落《だらく》する人、転落していく人、〝手抜き〟をして、例えば、自分が書かないで、家庭教師が卒業論文を書いて卒業すれば、できないことはないですからね。そういう方もいらっしゃるでしょう。だけど、それは実力じゃありませんわね。

それは、ある独裁国なんかではよくあったと聞いていますけど。まあ、北朝鮮《きたちょうせん》ですけどね。ほかの人、大学教授とかが論文を書いて、独裁者の名前で発表するとか、そんなことはあったと聞いてますけど、やっぱり、そんなふうになってはいけないでしょうからね。

だから、知的正直さのなかで交わっても〝メッキが剝《は》げない〟ような人を、友人とか、妻とか、身内に持っていたらいいでしょうね、父とか祖父とかでもいいんですけど。私の場合は、ちょっと〝あれ〟ですが、もし家族のなかに知的生活者が現にいたらね、やっぱり、それを見ることで学ぶことはあると思うんです。ただ、「学べる人」と「学べない人」の両方があるので、反発する方も当然いると思うし。ここは難しいところですね、本当にね。「プラスの環境《かんきょう》でも逆境になる人」もいるし、「逆境もプラスに変える人」もいるし、いろいろなので。

私は、お金があるほうが、本も買えるし、絵画《かいが》とかね、絵とかをやろうとしたり、まあ、あなた（斎藤）もそうかもしれないけど、絵をやろうとか、造形をやろうとかするんだったら、パトロンぐらいいたら、それは楽ですよね。パトロンがいるか、親が早く死んでくれて、遺産をドンッと遺してくれたりしたら、好きなようにやれるから、本当にありがたい。

そうした、資金に助けられるものもあるけども、逆に、それで堕落する人もいることは間違いないので。

やはり、渡部昇一さんが言ってるように、「身銭《みぜに》を切って本を買え」って書いておられたと思うんですけれども、学生のなけなしの生活資金やサラリーマンの安い初任給のなかから、切り詰《つ》めて、書籍《しょせき》代なんかを出して、それを、「少ない収入から出したものだから、大事に大事に読んでいく」っていう感じですかね。それもまた一つの王道だと思うんです。

お金があって時間を縮められる人で、心がまっすぐな方はそれでもいいと思うけど、お金がなくて、本当に本一冊一冊のありがたさを知ることで、例えば、千六百円を出すのに、「何を節約したら千六百円をひねり出せるか」と考えている学生なんかは、私は十分に同情に値《あたい》して、「千六百円を、どうやってひねり出そうか」「ああ、このセーターを一つ買うのを諦《あきら》めようか」「うーん、今だったらジーンズも買える。でも、それを諦めて『知的生活』を買う」と。もし、こんな人を天上界《てんじょうかい》から見たら、もう涙《なみだ》が、涙が流れて、応援《おうえん》してやりたくなりますけどね。

斎藤　そういう人には、天上界から「応援をしよう」と。

ハマトン　だから、そのへんの、「貧乏《びんぼう》でも王道はあるし、お金があっても王道はある。でも、邪道《じゃどう》も同時にある」っていう、これを知っておいたほうがいい。

8　美的生活にも必要な知と努力

美の世界が地獄《じごく》に通じるとき

泉　冒頭《ぼうとう》の大川総裁のご紹介《しょうかい》でもありましたが、ハマトン先生は、最初、画家を目指しておられて、その後、美術雑誌の編集責任者をされているということで、いわゆる「美の世界」にも非常にお詳《くわ》しいのかなと思います。

ハマトン　ああ、はい。

泉　当会では、今、芸能事業として、映画をつくったりなど、いろいろなことを行《おこな》っているのですが、芸術家をはじめとする美的生活者は、えてして感性が強くて、魂《たましい》の傾向《けいこう》として、読書というものになかなか入れない方も多いように思うのです。

ハマトン　なるほど。

泉　また、「知性を鍛《きた》えすぎると感性が損《そこ》なわれる」というような考えをする方もいるように感じます。

そこで、「美的生活」をしている人にとっての「知的生活」とはどうあるべきなのかについて、教えていただければ幸いです。

ハマトン　うーん……。

泉　先ほど、インスピレーションについて、「気をつけないと、間違《まちが》ったものが降りてくる」というお話もあったので、「芸術家の知的基礎鍛錬《きそたんれん》」とはどのようなものなのか、お教えください。

ハマトン　うーん。まあ、そこは難しいところですけどねえ。

（斎藤に）どうなんですか。東京藝術《げいじゅつ》大学なんかに入るのに、本当は要《い》らない勉強をたくさんしなければいけないんじゃないですか、今。どうなんですか。

斎藤　例えば、●平山郁夫《ひらやまいくお》先生や東山魁夷《ひがしやまかいい》先生など、国際的な影響力《えいきょうりょく》のある日本画の大家《たいか》のような方は、やはり、「知的鍛錬」をしながら「美的鍛錬」をするといったかたちで、両方を両立していて、人格も備わっており、美しい美を描《えが》き出し

●平山郁夫先生や東山魁夷先生……　平山郁夫氏は、作品の下には「多くの教養」が隠され、その積み重ねの多寡《たか》で人の生き方が決まるとの人生観を持っていた。東山魁夷氏は東京美術学校時代、学業優等・品行方正な者に与えられる特待生制度に４年連続で選ばれ、学科と制作の両面から励んでいた。

ているように思います。

インスピレーションだけでやっていると、生活リズムが乱れたり、挙動が不審《ふしん》となったりして、どんどん品行が方正でなくなっていきますので、左脳的な頭脳の整理などもしつつ、制作されるような方は、非常によいインスピレーションを得ているようにも思われます。

ハマトン　なるほど。それは言えてますね。

美の世界も、間違うと転落することはあるので。感性のほうが非常に強く影響してくるので、まあ、地獄《じごく》にも通じる道はあることはあるんですよね。人間の欲望とかをいろいろ描き出したりする感性が敏感《びんかん》になってきても、ちょっとそういうところはあるわね。

私の場合は、「知的生活」と「美的生活」を融合《ゆうごう》できましたが、融合できない方もたぶんいるだろうなあとは思います。

ただ、「純粋《じゅんすい》に美を追究できる」ということも、それなりのものではあるので。

まあ、世間《せけん》の評価が間違う場合もあるんですけどね。

ただ、本当は地獄的なものなんかを「すごい」と思って評価したりする場合もあるので。〝変わってるもの、奇妙《きみょう》なもの〟を、絵とか、音楽とか、造形とかで表したら、それにやたらいく場合もありますけどねえ。

事例 ピカソ――絵に込《こ》められた鍛錬《たんれん》と思想

ハマトン　私より後世の人にはなろうけど、ピカソみたいな人だって、最終的な絵だけ見ると、狂人《きょうじん》が描《か》いたものかどうかは、判定はかなり難しいですよね。気でも狂《くる》った方か、精神病院で描いたのかと思うような絵を描くじゃないですか。
でも、若いころの絵を見れば、きちんとしたデッサンができた絵を仕上げてい

●パブロ・ピカソ（1881 ～ 1973）　スペインの画家、彫刻家。キュビズムの創始者。幼少から天才的な画才を示し、マドリード王立美術学校に進学。作風がめまぐるしく変化する画家として知られ、生涯で 1 万点以上の油絵やデッサンをはじめ、版画や彫刻、陶器など計約 15 万点を制作した。20 世紀を代表する芸術家の一人。

るでしょう、「青の時代」あたりなんかでも。キチッとした絵を描ける。まともな絵、写実的な絵も描けるんです。

カメラみたいな目で見た絵が描ける人が、わざと違った道に入っていっている。基礎があって、そちらの世界に入っていってるのを見れば、偽物《にせもの》ではないことが分かります。彼なりの思想があって、できてきているんだろうと思う。

そうでなければ、晩年の「キュビズム」だけ見れば、これは地獄に行ったかと思うようなところはありますけど、若いころの絵を見れば違う。彼はちゃんとした鍛錬《たんれん》を積んだ上でやってる。彼は、絵のなかに「思想」を植え込《こ》んだ。

1953年、ミラノ王宮の展覧会を訪れたピカソ。

●**青の時代**　ピカソの1901年から1904年までの作風のこと。ピカソは1901年、親友の死をきっかけに、青色を基調とした作品を数多く描くようになった。この時期の代表作に「老いたギター弾き」「悲劇」「人生」等がある。

●**キュビズム**　1907年ごろからピカソとジョルジュ・ブラックによって進められた芸術運動のこと。対象をさまざまな角度から捉え、幾何学《きかがく》的な面で表現する技法を生み出した。ピカソの「アヴィニョンの娘たち」がその起源とされる。

要するに、小説家で政治思想みたいなのを訴《うった》える者もいるけれども、画家でだって、政治思想を訴える者もいて、戦争の悲惨《ひさん》さとか、そういうものを訴えかけている。整然とした世界を見て、制服を着た軍隊なんかが整列して、「ハイル・ヒットラー！」ってやって、ねえ？　戦車隊がダーッと走っていって、みんなものすごく強そうにやっている。いろいろな国に軍隊もたくさんありますし、独裁国でもありますけど。

それらがやる仕事っていうのは、「現実の戦争は、実はこんな悲惨な世界をつくり出しているんだよ」というところを、彼は思想として描きたかったんだろうと思うんですよ。

●彼は思想として描きたかった……　ピカソは56歳のとき、スペイン内戦に介入したドイツ空軍の爆撃をテーマにした大作「ゲルニカ」を制作。約1カ月半で縦約3.5m、横約7.8mの大画面を完成させた。（上）「ゲルニカ」のタペストリー（スペイン・ゲルニカ市）。

そこまで理解が行くと、許せるというか、受け入れられるんだけど、最初から
そんな〝狂ったような絵〟しか描けなかったら、それは、「狂っているかどうか」
の判定はとても難しいですね。

「美の探究」をする人がクリアすべきポイント

ハマトン　だから、知的に高度なところまで行くかどうかは分からないけど、そこまで行かないにしても、「美の探究」をなされる方は、せめて、道徳的な部分ですね、少なくとも、「道徳的なレベル」や「良心のレベル」での点検ができるところまではクリアされたほうがいいと思うんですよ。

あなたがたも、映画をつくられたり、あるいは小説とか、文学や音楽、それ以外の世界にも入っていかれていると思うけれども、やっぱり、「天国的であるか、地獄的であるか」というのは、けっこう大きなことですよ。

もちろん、地獄的なものでもヒットすることはありますよ。本でも、映画でも、音楽でも、地獄的なものがヒットすることはあります。それで、一時的にはお金になったり、社会的地位が上がったりすることもあるけれども、「人類普遍《ふへん》の遺産として遺《のこ》せるかどうか」っていうところは、極《きわ》めて大きな部分ですよね。

でも、むしろ地獄的なもののほうがヒットするとか、そういう地獄的な演技をやったほうがうけるとか、天才的だと言われるとかいう言い方はいっぱいあるんだろうと思うけれども、もう一つ、「天上界《てんじょうかい》の価値観」を提示する人がどこかにいてくれないと、人を導けないですよね。

そこまで行くのに、先ほど言ったような、「継続《けいぞく》的な鍛錬をやって、高い志《こころざし》を持って、精神力を練り上げて、美の世界を目指していく」っていう努力をしなければいけないと思いますよ。

画家とか、そういう人たちは、私生活が乱れがちであったり、本当に「破滅《はめつ》型」の方がわりあい多いので。小説家も画家も「破滅型」の方が多いんだけどね。それがドラマティックでいいようにも見えるんだけれども、死後、地獄に行っているような方の場合は、やっぱりよくない影響を遺すものもあるから、このへんの判断する基準をつくっていくことは、非常に大事なことだと思いますね。

だから、人間として、「これは、正しいと思うかどうか」っていうことを自分に問うことができ、絵を描いても、音楽をつくっても、小説を書いても、あるいは、会社の仕事をしても、教育をしても、「人間として正しいのか」、あるいは「正しい指導をしているのか」っていうようなことを、心に問う訓練ですよね。それは大事なことなんじゃないでしょうか。

9　現代女性にとっての知的生活

「観照《かんしょう》的生活」をする女性のキャリアは古代からいた

綾織　もう一つお伺《うかが》いしたいのですが、先ほど、奥様《おくさま》のお話も出ました。もしかしたら、宗教的な生活にも多少かかわるかもしれませんが、現代の女性が求めるべき知的生活というのは、どういうものだとお考えでしょうか。

ハマトン　うーん。（現代の女性は）「男性」になりたがっているように、とりあえず、私の目には見えるんですよ。「男性みたいな条件、（男性と）同じ条件で働けるようになりたい」っていう感じを持ちます。

それから、アメリカ等では、ジャーナリストなんかで女性が画面に出るとなったら、これは、やっぱり、男性が必ずしも勝てるとは言えないところがある。女性のほうが〝人気が出る〟こともあるから。画面映《うつ》りがよくって、頭のいい人であって、弁舌《べんぜつ》がさわやかであれば、男性よりも人気の出る人は出てきますよね。そういう意味で、今、挑戦《ちょうせん》していると思うんですが。

でも、これは、ほとんど「インテリジェントの世界での挑戦」で、「インテレクチュアルかどうか」のところはまた別の部分ですよね。

インテレクチュアルな伝統のほうでは、昔から、尼《あま》さんとか修道女とか、こういう人たちにはあったと思うんですよね。

その智慧《ちえ》とは何かと言うと、結局、「神から頂いているギフト」であるのか、「悪魔《あくま》から来ている惑《まど》わかし」であるのかみたいなのを、その生活態度のなかで瞬時《しゅんじ》に感じ取るような能力でしょうかね。

国王だとか、会社の社長だとか、あるいは、さまざまな身分の方とか、いろいろいると思うけれども、こういう宗教的生活をすることによって、そういう人たちの心の内を瞬時に見破るような能力が身についていると思うんですよ。そういう正統な宗教修行《しゅぎょう》をやっている方はね。

これをギリシャの伝統に照らして「観照《かんしょう》的生活」とよく言うわけですが、霊的《れいてき》に自分を照らして観《み》ているような生活ですよね。これは、「瞑想《めいそう》的生活」でもあるし、あるいは、神の光を感じたり、仏の光を感じたりするような生活です。そういう生活をする女性のキャリアは昔からいたことはいたんだけど、なかなか評価が定まらない部分はあったと思うんです。

インテリジェントな女性の注意点

ハマトン　現在、インテリジェントな女性は、数は増えていると思います。でも、それは、男性とのかなりの競争社会のなかで成り立っている部分があると思うんです。

だから、インテリジェントであるから、男性と同等になり、あるいは、男性を使えるようになったということが自慢《じまん》で、偉《えら》くなってしまった女性のなかには、残念ながら、本当の意味で賢《かしこ》くない方がいっぱいいます。

競争に勝つことが偉いことだと思っている。人を蹴落《けお》とすことが偉いことだと思っている。「自分はこんなに偉い大学を出ているんですよ」「こんなに試験の点数がよかったんですよ。あなたがたは駄目《だめ》ですね」みたいな感じでやっている。あるいは、海外の留学なんかで箔《はく》を付ける方もいますけどもね。あるいは、女性だけど医学部へ行ったとか、まあ、いろいろあるけれども、みんな〝いっぱいいっぱい〟なんだろうとは思うんです。

その能力を、庶民《しょみん》のレベルからいっぱいいっぱいに引き上げて、職業でレベルを上げて一歩進めようとしておられるところは、頑張《がんば》っているんだとは思うけど、先ほど言った男性的な世界を目指すなら、女性で上司、あるいは社長になられても、「あなたは知的鍛錬《たんれん》の結果、アチーブメントを残されて成功されたけれども、今、公明正大な心というのを持っていらっしゃいますか。人に接するのに公明正大に接することができますか。逆に言えば、単純な好き嫌《きら》いで人を見たり、単純に自分に利益があるかないかだけで人を見たりしていませんか。こういうのに答えられるものを持っていらっしゃいますか」というところですね。

私は、女性も、もう一段、「公共心」とか「利他《りた》の心」、あるいは、「公明正大さ」、こういうものが要《い》ると思うんです。

男性であろうが女性であろうが関係ありません。女性だから有利である、男性だから有利であるということはありません。女性でありながら、「私は公明正大に見て部下の仕事も判定します。採用もそのようにして判定しています」と、こういう気持ちまで行かなきゃいけない。

「クレバー（利口《りこう》）」と「ワイズ（賢《かしこ》い）」の違《ちが》い

ハマトン　また、夫婦《ふうふ》の関係でも、それはとても難しいことだろうと思うんですよ。インテリジェンスだけで戦い合う夫婦は多いんですけど、やっぱり、うまくいかないケースも多いと思うんですね。

男性のほうは、例えば、地位のある男性、勉強がよくできて、社会的地位があって、お金があるような男性になれば、自分のお世話をしてくれるような女性に来てほしいよね。だけど、知性の釣《つ》り合いから見ると、高学歴の女性と結婚《けっこん》したくなる。でも、高学歴の女性は、〝皮一枚〟、〝スカート一枚〟だけで隠《かく》して、実は、「中身はほとんど男性」っていう場合も多いことは多いので、それで結婚したあと、うまくいかないこともある。

それは、「クレバー（clever／利口《りこう》）」と「ワイズ（wise／賢《かしこ》い）」の違《ちが》いだと思うんだけど、もう一段、ワイズな人間にならなきゃいけない。

だから、それが、ワイズか、単にクレバーなだけかっていうのは、結局、先ほど言った人間関係のところで測れるようになる。分かってくる。

自分の親に対して、あるいは、配偶者《はいぐうしゃ》の親に対して、どうであるか。会社の同《どう》僚《りょう》に対して、上司に対して、部下に対して、どうであるか。そういう人間関係の取り扱《あつか》い方、あるいは夫婦の関係の取り扱い方等で、ワイズかどうか、本当に賢いかどうかは分かるので。そうした賢い女性を目指すことが大事かなと、現代の女性には言っておきたい。

「いい学校を出たから賢いっていうわけじゃないですよ。それはクレバー、利口だけど、賢いわけじゃないですよ。賢いかどうかは、家族を持ってみたり、あるいは、いろんな人間関係ができてきたときに分かってくるようになりますよ」

っていうことですね。

綾織　ありがとうございます。

10　現代に転生《てんしょう》していたハマトン

その過去世《かこぜ》には「あのドラッカーがほめた彫刻家《ちょうこくか》」も

綾織　先ほど、「神様のギフト」というお話がありましたけれども、あなたは、おそらく、神々の世界にいらっしゃるのかなと思います。

例えば、渡部昇一《わたなべしょういち》先生とかと同じようなところにいらっしゃったりするのでしょうか。

ハマトン　ああ、お会いはしましたね。

綾織　ああ、そうですか。

ハマトン　うん、亡《な》くなられたあとにお会いはしたと思います。はい。

綾織　周りにいらっしゃる方というのは、やはり、キリスト教系の方が多いんでしょうか。

ハマトン　いや、必ずしもそういうあれではなくて。

綾織　あ、そうではないんですか。

ハマトン　私なんかは、「国籍《こくせき》」とか「宗教」とか「人種」とかは、わりあい超《こ》えているので。そういう気持ちですねえ。だから、必ずしもキリスト教っていう感じでもないかなあ。
まあ、いろんな時代に「美」と「知」の両方を求めていた人間だから。

綾織　なるほど。

ハマトン　「美」と「知」がある世界。ギリシャなんかもそうだろうし、そういう時代には出やすいということはありますよね。

綾織　なるほど。宗教的な経験もかなりおありな感じがしました。

ハマトン　うーん……。まあ、多少はありますわね。

●ドナテッロ(1386頃～1466)　ルネッサンス初期のイタリアの彫刻家。フィレンツェ出身。建築家のブルネレスキ、画家のマサッチオと並び、初期ルネッサンスの三大巨匠と呼ばれる。代表作に「ダヴィデ」「聖ゲオルギウス」「ガッタメラータ将軍騎馬像」等がある。

綾織　そうですか。もし、差し支《つか》えないところで明らかにできるご経験がありましたら、お教えいただけますか。

ハマトン　うん、まあ、過去世《かこぜ》では彫刻《ちょうこく》とかをやったことはありますね。そういう経験はあります。直前……、その前ぐらいは、例えば、ルネッサンス期あたりの彫刻家で、いろいろと過去の有名な聖人を彫刻したり、そういう仕事をしたことはございますね。

斎藤　ドナテッロ、ヴェロッキオあたりではありませんか。

ハマトン　ええ……。まあ、ドラッカー先生もほめてくださっている……。

●ヴェロッキオ（1435頃～1488）　ルネッサンス期のイタリアの彫刻家、金工家、画家。フィレンツェに大工房を開き、最盛期のメディチ家の支援を受けて制作。レオナルド・ダ・ヴィンチやボッティチェリなどの巨匠を輩出した。代表作に「キリストの洗礼」「ダヴィデ」「コレオーニ将軍騎馬像」等がある。

斎藤　あっ！

綾織　ルネッサンス期では、ミケランジェロですか？

ハマトン　さあ、どうでしょうか。

斎藤　え!?（笑）そんな、いきなり〝大きな話〟で。

ハマトン　いやあ、それはちょっと。それは、よく使われる名前ですから。ミケランジェロなんて言われたら、「ミケランジェロの弟子《でし》じゃないか」と疑うのが、ジャーナリスティックな姿勢でいいんですよ。本当はね（注。その後の霊査《れいさ》により、ハマトンの過去世の一つは、ミケランジェロではなく、古代ギリシャの彫刻家、●フェイディアス〔ペイディアス〕であることが判明した）。

まあ、そういう経験もしたことはあるし、仏教系での経験も、あることはあります。

綾織　なるほど。

（上）パルテノン神殿。
（左）フェイディアス作のアテナ像の復元
（アテネ国立考古学博物館所蔵）。

●フェイディアス（前５世紀）　古代ギリシャの彫刻家。ペリクレスに依頼され、パルテノン神殿建立の総監督となる。金と象牙《ぞうげ》を用いて、本尊となる高さ12メートルのアテナ像を制作し、神殿装飾の彫刻も指揮した。オリンピアのゼウス座像の制作者でもある。晩年はペリクレスの敵対勢力に糾弾され、亡命したとされる。

幸福の科学の「知的生活の源流」の一人であるハマトン

斎藤　宗教家の経験は何かおありでしょうか。
例えば、『知的生活』の「まえがき」では、「知的に生きるということは、純粋《じゅんすい》な真理を熱烈《ねつれつ》に求めることなのです」とおっしゃっています。私は、これを読んで非常に感銘《かんめい》を受けました。また、何か求道《ぐどう》的な思いを持たれているところも感じました。

ハマトン　ああ、はい、そうなんです。そういうところはあるんです。
ただ、あまり詳《くわ》しく言いますと、いろいろと影響《えいきょう》が出る場合もあるんですよ。
例えばの話ですよ？

斎藤　はい。

ハマトン　「ハマトンが現代に生まれ変わっている」というようなことを言った場合に、「あの人がハマトンの生まれ変わりなんだって」って聞いたとたんに人気が暴落《ぼうらく》するというようなことが……。

斎藤　（笑）ハマトンの人気が落ちちゃうんですか。

ハマトン　ああ、そうそう。そういう場合はよくあるんですよ。

綾織　ほう。

ハマトン　いや、私、そういうのをときどき聞きますので。例えば、偉人《いじん》だと思って……、例えばね？

斎藤　はい。

ハマトン　明治維新《いしん》の偉人だと思って本を読んでいたところが、「あの人が生まれ変わりだって」って聞いたら、「あっ、もう読むのやめた」っていうような感じで、本を捨てるとかね、そういうのを聞いたことがあるから。やっぱり気をつけないと〝危ない〟ですねえ、本当に。

斎藤　あ、はい（笑）。

綾織　ということは、現代に生まれ変わっていらっしゃるわけですね？

ハマトン　まあ、そういうこともあるかもしれないっていう……。

綾織　ほう……。

斎藤　いや、お話を聴《き》いていると、当会の思想ともたいへん親和性があり……。

ハマトン　「近い」ですよね？

斎藤　ええ。大川隆法総裁先生の知的生活に大きな影響を与《あた》えたのが渡部昇一先生ですが、その渡部先生に影響を与えていたという、「知的な流れ」がありますので、当会との親和性は非常に高いと感じました。

ハマトン　ああ、そうですね。親和性は高いと思います。だから、源流の一つに入っているとは思います。

質問者の講義予定を、なぜか知っているハマトン

ハマトン　（斎藤に）ただねえ、私のこの思想をよく読んでいただければ、（幸福の科学の）渋谷精舎《しぶやしょうじゃ》に行って「突然秀才《とつぜんしゅうさい》になる法」とか、そのへんは、あまり説いたりしないと思うから、気をつけたほうがいいですね。

斎藤　ああ……（笑）。

綾織　斎藤さんと縁《えん》があったりしますか。
ハマトン　ええ？　だから、「絵描《えか》きだ」って言ってるじゃないの。「絵描きだ」って言ってるじゃないですか、私も。
斎藤　絵描き？　誰《だれ》？　え？
ハマトン　あなたも絵描きでしょ？
斎藤　そうです。え？　そう、絵描きですよ。
ハマトン　うん。

斎藤　ただ、絵描きは元《もと》ですよ。

綾織　あ、（斎藤を指差して）この〝つながり〟は太いんですか？

ハマトン　ありますよ。

斎藤　ええっ!?（笑）

綾織　おお！

斎藤　ええっ!?　またあ……（笑）（会場笑）。

ハマトン　ありますよ。

綾織　本当ですか。

ハマトン　だから、あなたね、渋谷で〝嘘《うそ》〟を教えちゃいけないよ。

斎藤　どうして、今度、私が講義することを知っているんですか。そんなことを！　まずありえない。そんな……（笑）。

綾織　（笑）

ハマトン　「知的鍛錬《たんれん》をちゃんとやってから秀才になるのが本道《ほんどう》ですよ。ただ、信仰心《しんこうしん》を持てば、それが早くなります」と言うことは構わない。

斎藤　今度、私が講義をするというのを、よくご存じですね（笑）。

ハマトン　やるんでしょう、十一月に。

斎藤　はい。なぜ、それを知っているんですか。

ハマトン　私が守護霊《しゅごれい》だから。

斎藤　ええっ？

ハマトン　うん、だから知っている。

綾織　これは、〝衝撃《しょうげき》〟と言ったら、ちょっと……（笑）（会場笑）。

ハマトン　いやあ……。

斎藤　そうだとすると、ハマトンの人気がなくなっちゃいますよ（苦笑）。

ハマトン　だから、（『知的生活』を手に取って）この本が〝売れなくなる〟可能性が急速に高まってまいりましたし、この英語も急速に〝信用がなくなっていく〟傾向《けいこう》が強くなりましたが、まあ、この程度はサービスしてあげてもいいのかなあと。よく頑張《がんば》ってらっしゃるから。

斎藤　（笑）

ハマトン　後輩《こうはい》たちの信用を得るためには、この程度のサービスは。たとえ、砂糖菓子《がし》のようにまぶしているだけであったとしても。まあ、「個人」は「個人」ですから。

斎藤　そうですか（笑）。なるほど。

ハマトン　違《ちが》いはありますけれども。「個人」は「個人」。

綾織　確かに、求道心《ぐどうしん》ということでは、もう、半端《はんぱ》ない……。

斎藤　いやいや、とんでもないです。自分の英語のできなさ加減は、ちょっと……。

ハマトン　あと、二、三十年生きれば、立派な方になると思います。もうちょっとですね。

斎藤　英語圏《けん》に縁があるということで、ちょっと勇気が出てきました。そこだけが、今、〝希望の原理〟です（笑）。

ハマトン　過去世で数カ国語もやりすぎたために、英語力が落ちているんですよ。

綾織　ああ、その反動ですかね。

ハマトン　ええ、過去世でやりすぎたためにね。ちょっと、語学不信に陥《おちい》っているんですね。ええ。一つしかできないんですよ。

「天使でも堕《だ》天使になる人もいる」と、勉学と練習を説く

綾織　もし、今、何かアドバイスがあるとすれば、何でしょうか。

斎藤　いやあ、もう結構です。

ハマトン　いやあ、「絵描き」から「編集者」に〝異動《いどう》〟したでしょう？　もう、

そっくりじゃないですか。

綾織　そのままですね（笑）（会場笑）。

ハマトン　そして、今、知的生活を一生懸命《いっしょうけんめい》に目指していて、渋谷精舎で〝邪《じゃ》教《きょう》〟を説こうとしている傾向が出てきているらしいという……。

綾織　そこは要注意ということで。

斎藤　（苦笑）要注意ということで。いやあ、よくぞ知っていますね、と思って……。

ハマトン　守護霊ですから、それは知ってますよ。

まあ、いいですよ。だから、仏教も縁があるし、いろいろあるんですけれども。ちょっと、これで、この霊言《れいげん》の値打ちが急速に暴落するというんだったら……（会場笑）。

綾織　いえいえいえ、そんなことはないと思います。

ハマトン　やっぱり、否定しておいたほうがいいのかもしれないから、「過去世で教えたことがある」というぐらいにしておいたほうが、もしかしたらいいのかもしれないですが。

斎藤　分かりました。霊的に縁が深くても、「別」と言ったら変ですけど、はい。

ハマトン　ああ、個人は別ですよ。

斎藤　個人は個人なので、はい。縁を切るわけではありませんけれども（笑）、「私は私、あなたはあなた」ということで。

ハマトン　ええ、そうなんです。だから、天使でも、堕《だ》天使になる人もいらっしゃいますし。

斎藤　はい。

ハマトン　ええ、それはねえ、勉強しなければ駄目《だめ》だし、絵だって、練習しなきゃ、うまくならないし。

斎藤　はい。

ハマトン　だから、藝大《げいだい》の学長みたいに絵で何億も稼《かせ》ぐかわりに、こっち（幸福の科学）に来てやられたんでしょうから、ええ。

今、周りから〝嫉妬《しっと》の炎《ほのお》〟がちょっと立ち上《のぼ》り始めているので、十分、危険がありますけど。（綾織に）急に記事を書く気がなくなったでしょう？（会場笑）

綾織　編集系全体としては、お世話になっておりますので。本当にありがとうございます。

「公明正大な心、公共心、利他心《りたしん》を磨《みが》いて精進《しょうじん》を」

斎藤　今、すでに〝暴落〟が始まっているので。

ハマトン　すでに値打ちが為替《かわせ》のように変動し始めているとは思うんですが。

斎藤　精進《しょうじん》を重ねてまいります。はい（笑）。

ハマトン　まあ、ほかの方もですね、そうしたバブル的な〝過去世出世《しゅっせ》〟はたくさんあって、現在、釣《つ》り合わないと見て苦しんでいる方がいっぱいいらっしゃるから、その苦しみをあなたにも味わっていただきたいというふうに思います（会場笑）。

斎藤　はい。

ハマトン　いや、努力すれば、人は行くものです。私も、まあ、絵をちょっと描いて、編集して、あと、本を何冊か書いただけのことで。たまたま縁があって、こっちに流れ込《こ》んできているだけですから。

幸福の科学指導霊団《しどうれいだん》、五百人のなかにぐらい、入ってないわけがないじゃないですか。ねえ？

指導霊団に入った人は、必ず、側近《そっきん》か、近くに生まれ変わっている人が多いじゃないですか。だけど、あんまり偉《えら》く思わないで、〝イカの足の一本〟だと思って、酒場でイカゲソを食べてると思って、〝イカの足一本〟だと思っておれば、そんなに（過去世のことで苦しむほうに）行くことはないですね。

年を取った方々は尊敬しませんが、学生あたりなら尊敬してくれると思いますので（会場笑）。

綾織　尊敬しております。

ハマトン　今後も、「公明正大な心」、「公共心」、「利他心《りたしん》」を磨《みが》いて、精進されればいいと思います。

まあ、隣《となり》の方も、もう、「美の探究」にあまり入れたくなくなってるような気が、ちょっとするんですが。

泉　先ほど、ドラッカー先生がほめておられたというのは、「神々が見ている」という、あのエピソードの方ですかね。

ハマトン　そうですかねえ。

泉　「彫像の裏までちゃんと彫《ほ》っていく」という……。

ハマトン　そうですね。ええ。どんな偉い人だったかは忘れましたけどね。そんな人、いましたね。

綾織　大変なことですね、それは。

（上）パルテノン神殿を飾っていた彫刻「ディオニュソスと女神たち」と、（左）「月神セレネの馬」（共に大英博物館所蔵）。

●彫像の裏まで……　フェイディアスのパルテノン神殿の彫刻の請求書を見たアテネの会計官が、「彫刻の背中は誰にも見えないのに、そこまで彫って代金を請求してくるとは何事か」と言って支払いを拒んだ際、フェイディアスは、「そんなことはない。神々が見ている」と答えたというエピソード。

地獄《じごく》に何千年も堕《お》ちると魂《たましい》のきょうだいから切り離《はな》されることも

ハマトン　ええ。「そのくらい、しっかり仕事をしてください」という激励《げきれい》だと思って。もしかしたら方便《ほうべん》かもしれないから。来世《らいせ》で切り離《はな》されることもあるので。

例えば、地獄《じごく》に行って何千年もいると、当然、切り離されて、もう出てこなくなりますから。残り（魂《たましい》のきょうだい）でやり始めますから。そういうこともあるから、気をつけたほうがいいですね。

まあ、（仕事は）この程度は行って、〝没落《ぼつらく》〟しちゃあ駄目ですよ。ええ。でも、私も、もう忘れられてきていますから。本場のイギリスでは、もう、まったくの無名になっていますので。

斎藤　戦後は、まったく有名ではないという感じになりました。

ハマトン　日本だけで、今、細々《ほそぼそ》と「知的系譜《けいふ》」が残っている状況《じょうきょう》なんで。まあ、八十ぐらいになれば、そういう知的老人として何か言えるようになると思います。

斎藤　精進を重ねてまいります。

ハマトン　はい。

綾織　ありがとうございました。

ハマトン　値打ちを上げたか下げたか分かりませんが、まあ、たまにはいいじゃないですか。

斎藤　たぶん、値打ちを下げたと思いますので……。

ハマトン　でしょうね。私もそう思いますから（会場笑）。

斎藤　そう思ってます（笑）。やっぱりそう思っている。私も本当に同感ですから。たいへんな値打ちの下げ方に……。この〝借金〟を返せるように、これから頑張ってまいります。はい。

ハマトン　（転生を）言わないほうが、たぶん、動員力が増しただろうと思いますけど。

斎藤　はい。〝借金〟を返します。

ハマトン　頑張れば、人気講師になって、もっと集客力が増えることもあろうと思います。良心的な仕事を心掛《こころが》けてください。ありがとうございます。

斎藤・綾織　ありがとうございます。

11　ハマトンの霊言《れいげん》を終えて

大川隆法　（手を二回叩《たた》く）最後はとんでもない結論に飛んでしまいました（会場笑）。私もちょっと予想していなかったのですが、途中《とちゅう》から「どうも怪《あや》しい」と思い始めてはいました。

でも、過去世《かこぜ》でこのくらいの仕事をしていても、おかしくはありません。

斎藤　ありがとうございます。

大川隆法　現在、教団の編集系の中心にいるのですから、（過去世で）あのくらいの仕事はしていても、おかしくはないでしょう。

綾織　はい。そうですね。

大川隆法　綾織さんがもっといい仕事をしたら、そのうちに、「間違《まちが》えた。やっぱり、こっちがソクラテスだった」というようなことだってあるかもしれませんからね。まあ、それは分かりませんから。

綾織　努力します。

大川隆法　ちょっと、「やる気がなくなった方」と、「やる気が出た方」と、両方あるとは思いますが（会場笑）、個人は個人、それぞれの人生であり、どう生きたかは、その棺桶《かんおけ》が閉《と》じたときに判定されるということです。これは、私自身についても同じように考えています。

そういうことで、「厳しさ」は持ちながら、「知的生活の本質」を、編集業務を通じて教えていくように努力いたしましょう。

では、ありがとうございました。

質問者一同　ありがとうございました。

あとがき

私自身は、左脳《さのう》と右脳《うのう》の双方を鍛《きた》えた人間である。これが幸福の科学の知的伝統にも色濃く反映されている。

ハマトンそのものを現代人が読みこなすことは、そんなに簡単なことではなかろう。

しかし、本書を読むことによって、「情報」と「智慧《ちえ》」の違いを現代人が悟ることができれば、おそらく二十一世紀を生き残る「新しい鍵《かぎ》」を手に入れることができるであろう。

どこまでも「深さ」を求めつつ、一方では現実的な「見切り」をも教えてくれる本書が、ミレニアル世代（デジタル世代に育った人）の仕事論や生活論、人生論に使われていくことを期待している。

本書は未来社会への水先案内人《みずさきあんないにん》ともなるだろう。

二〇一八年　十一月一日

幸福《こうふく》の科学《かがく》グループ創始者兼総裁《そうししゃけんそうさい》　大川隆法《おおかわりゅうほう》

『ハマトンの霊言　現代に知的生活は成り立つか』関連書籍

『黄金の法』（大川隆法 著　幸福の科学出版刊）
『英語が開く「人生論」「仕事論」』（同右）
『新しい霊界入門』（同右）
『現代ジャーナリズム論批判
　――伝説の名コラムニスト深代惇郎は天の声をどう人に語るか――』（同右）
『渡部昇一流・潜在意識成功法』（同右）
『J・S・ミルに聞く「現代に天才教育は可能か」』（同右）
『現代の自助論を求めて――サミュエル・スマイルズの霊言――』（同右）

※左記は書店では取り扱っておりません。最寄りの精舎・支部・拠点までお問い合わせください。

『黒帯英語四段③』（大川隆法　編著　宗教法人幸福の科学刊）

ハマトンの霊言《れいげん》
現代《げんだい》に知《ち》的生活《てきせいかつ》は成《な》り立《た》つか

2018年11月13日　初版第1刷

著　者　大《おお》川《かわ》隆《りゅう》法《ほう》

発行所　幸福の科学出版株式会社
〒107-0052 東京都港区赤坂2丁目10番14号
TEL(03)5573-7700
https://www.irhpress.co.jp/

印刷・製本　株式会社 堀内印刷所

落丁・乱丁本はおとりかえいたします

ISBN978-4-8233-0042-4 C0030

大川隆法霊言シリーズ・**知的生活者に訊く**

現代の自助論を求めて
サミュエル・スマイルズの霊言

自助努力の精神を失った国に発展はない!『自助論』の著者・スマイルズ自身が、成功論の本質や、「セルフ・ヘルプ」の現代的意義を語る。

1,500円

J・S・ミルに聞く「現代に天才教育は可能か」

「秀才=エリート」の時代は終わった。これから求められるリーダーの条件とは? 天才思想家J・S・ミルが語る「新時代の教育論」。

1,500円

ヒルティの語る幸福論

人生の時間とは、神からの最大の賜りもの。「勤勉に生きること」「習慣の大切さ」を説き、実務家としても活躍した思想家ヒルティが語る「幸福論の真髄」。

1,500円

※表示価格は本体価格(税別)です。

大川隆法霊言シリーズ・知的生活者に訊く

渡部昇一流・潜在意識成功法

「どうしたら英語ができるようになるのか」とともに

英語学の大家にして希代の評論家・渡部昇一氏の守護霊が語った「人生成功」と「英語上達」のポイント。「知的自己実現」の真髄がここにある。

1,600円

現代ジャーナリズム論批判

伝説の名コラムニスト深代《ふかしろ》惇郎《じゅんろう》は天の声をどう人に語るか

従軍慰安婦、吉田調書……、朝日の誤報問題をどう見るべきか。「天声人語」の名執筆者・深代惇郎の霊が、マスコミのあり方を鋭く斬る！

1,400円

心を練る 佐藤一斎の霊言

幕末の大儒者にして、明治維新の志士たちに影響を与えた佐藤一斎が、現代の浅薄な情報消費社会を一喝し、今の日本に必要な「志」を語る。

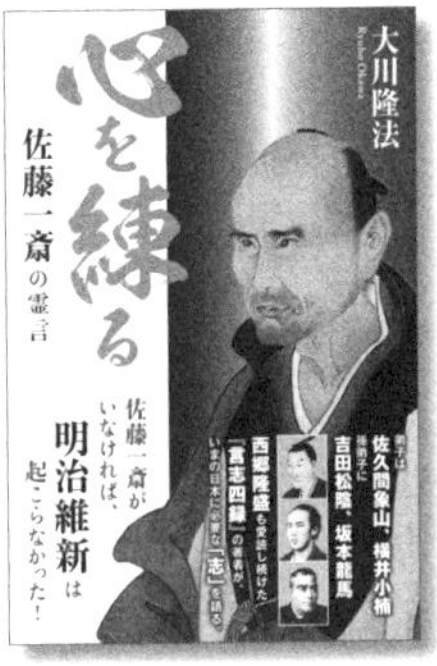

1,400円

大川総裁の読書力

知的自己実現メソッド

区立図書館レベルの蔵書、時速2000ページを超える読書スピード――。1300冊（2013年時点）を超える著作を生み出した驚異の知的生活とは。

1,400円

「比較幸福学」入門

知的生活という名の幸福

ヒルティ、アラン、ラッセルなど、「幸福論」を説いた人たちは、みな「知的生活者」だった！ 彼らの思想を比較分析し、幸福とは何かを探究する。

1,500円

知的青春のすすめ

輝く未来へのヒント

夢を叶えるには、自分をどう磨けばよいのか？「行動力をつける工夫」「高学歴女性の生き方」など、Q＆Aスタイルで分かりやすく語り明かす。

1,500円

大川隆法シリーズ・最新刊

スピリチュアル・インタビュー メルケル首相の理想と課題

英語霊言 日本語訳付き

移民政策や緊縮財政など、ＥＵの難局に直面するドイツ首相の本心に迫る。トランプや習近平、プーチンに対する本音、そして、衝撃の過去世が明らかに。

1,400円

幸福の科学の後継者像について

大川隆法　大川咲也加　共著

霊能力と仕事能力、人材の見極め方、公私の考え方、家族と信仰――。全世界に広がる教団の後継者に求められる「人格」と「能力」について語り合う。

1,500円

習近平守護霊 ウイグル弾圧を語る

ウイグル“強制収容所”の実態、チャイナ・マネーによる世界支配戦略、宇宙進出の野望――。暴走する独裁国家の狙いを読み、人権と信仰を守るための一書。

1,400円

想像を絶する、
〝始まり〟へ。
3億3千万年の時空を超えて——いま、
壮大なスケールで描かれる真実の創世記。
この星に込められた、「地球神」の愛とは。
製作総指揮・原案／大川隆法
長編アニメーション映画
宇宙の法
黎明編
The LAWS of the UNIVERSE-PART I
逢坂良太 瀬戸麻沙美 柿原徹也 金元寿子 羽多野 渉 ／ 千眼美子
梅原裕一郎 大原さやか 村瀬 歩 立花慎之介 安元洋貴 伊藤美紀 浪川大輔
監督／今掛 勇 音楽／水澤有一 総作画監督・キャラクターデザイン／今掛 勇 キャラクターデザイン／須田正己 VFXクリエイティブディレクター／粟屋友美子
アニメーション制作／HS PICTURES STUDIO 幸福の科学出版作品 配給／日活 配給協力／東京テアトル ©2018 IRH Press
10.12［FRI］日米同時公開
laws-of-universe.hspicturesstudio.jp

幸福の科学グループのご案内

宗教、教育、政治、出版などの活動を通じて、地球的ユートピアの実現を目指しています。

幸福の科学

一九八六年に立宗。信仰の対象は、地球系霊団の最高大霊、主エル・カンターレ。世界百カ国以上の国々に信者を持ち、全人類救済という尊い使命のもと、信者は、「愛」と「悟り」と「ユートピア建設」の教えの実践、伝道に励んでいます。

（二〇一八年十一月現在）

愛

幸福の科学の「愛」とは、与える愛です。これは、仏教の慈悲《じひ》や布施《ふせ》の精神と同じことです。信者は、仏法真理をお伝えすることを通して、多くの方に幸福な人生を送っていただくための活動に励んでいます。

悟り

「悟り」とは、自らが仏の子であることを知るということです。教学《きょうがく》や精神統一によって心を磨き、智慧《ちえ》を得て悩みを解決すると共に、天使・菩薩《ぼさつ》の境地を目指し、より多くの人を救える力を身につけていきます。

ユートピア建設

私たち人間は、地上に理想世界を建設するという尊い使命を持って生まれてきています。社会の悪を押しとどめ、善を推し進めるために、信者はさまざまな活動に積極的に参加しています。

国内外の世界で貧困や災害、心の病で苦しんでいる人々に対しては、現地メンバーや支援団体と連携して、物心両面にわたり、あらゆる手段で手を差し伸べています。

年間約３万人の自殺者を減らすため、全国各地で街頭キャンペーンを展開しています。

公式サイト　**www.withyou-hs.net**

ヘレン・ケラーを理想として活動する、ハンディキャップを持つ方とボランティアの会です。視聴覚障害者、肢体不自由な方々に仏法真理を学んでいただくための、さまざまなサポートをしています。

公式サイト　**www.helen-hs.net**

入会のご案内

幸福の科学では、大川隆法総裁が説く仏法真理《ぶっぽうしんり》をもとに、「どうすれば幸福になれるのか、また、他の人を幸福にできるのか」を学び、実践しています。

入会

仏法真理を学んでみたい方へ

大川隆法総裁の教えを信じ、学ぼうとする方なら、どなたでも入会できます。入会された方には、『入会版「正心法語」』が授与されます。

ネット入会　入会ご希望の方はネットからも入会できます。
happy-science.jp/joinus

三帰《さんき》誓願《せいがん》

信仰をさらに深めたい方へ

仏弟子としてさらに信仰を深めたい方は、仏《ぶっ》・法《ぽう》・僧《そう》の三宝《さんぼう》への帰依を誓う「三帰誓願式」を受けることができます。三帰誓願者には、『仏説・正心法語《しょうしんほうご》』『祈願文《きがんもん》①』『祈願文②』『エル・カンターレへの祈り』が授与されます。

幸福の科学 サービスセンター
TEL 03-5793-1727
（受付時間／火～金：10～20時　土・日祝：10～18時（月曜を除く））

幸福の科学 公式サイト
happy-science.jp

仏法真理塾「サクセスNo.1」

全国に本校・拠点・支部校を展開する、幸福の科学による信仰教育の機関です。小学生・中学生・高校生を対象に、信仰教育・徳育にウエイトを置きつつ、将来、社会人として活躍するための学力養成にも力を注いでいます。

TEL 03-5750-0747（東京本校）

エンゼルプランV　TEL 03-5750-0757

幼少時からの心の教育を大切にして、信仰をベースにした幼児教育を行っています。

不登校児支援スクール「ネバー・マインド」　TEL 03-5750-1741

心の面からのアプローチを重視して、不登校の子供たちを支援しています。

ユー・アー・エンゼル！（あなたは天使！）運動

一般社団法人 ユー・アー・エンゼル　TEL 03-6426-7797

障害児の不安や悩みに取り組み、ご両親を励まし、勇気づける、
障害児支援のボランティア運動を展開しています。

NPO活動支援

いじめから子供を守ろうネットワーク

学校からのいじめ追放を目指し、さまざまな社会提言をしています。また、各地でのシンポジウムや学校への啓発ポスター掲示等に取り組む一般財団法人「いじめから子供を守ろうネットワーク」を支援しています。

公式サイト mamoro.org　ブログ blog.mamoro.org

相談窓口 TEL.03-5544-8989

百歳まで生きる会

「百歳まで生きる会」は、生涯現役人生を掲げ、友達づくり、生きがいづくりをめざしている幸福の科学のシニア信者の集まりです。

シニア・プラン21

生涯反省で人生を再生・新生し、希望に満ちた生涯現役人生を生きる仏法真理道場です。定期的に開催される研修には、年齢を問わず、多くの方が参加しています。全国159カ所、海外12カ所で開校中。

【東京校】TEL 03-6384-0778　FAX 03-6384-0779
メール senior-plan@kofuku-no-kagaku.or.jp

幸福実現党

内憂外患《ないゆうがいかん》の国難に立ち向かうべく、2009年5月に幸福実現党を立党しました。創立者である大川隆法党総裁の精神的指導のもと、宗教だけでは解決できない問題に取り組み、幸福を具体化するための力になっています。

幸福実現党 釈量子サイト **shaku-ryoko.net**
Twitter **釈量子@shakuryoko**で検索

党の機関紙
「幸福実現NEWS」

幸福実現党　党員募集中

あなたも幸福を実現する政治に参画しませんか。

- ◯幸福実現党の理念と綱領、政策に賛同する18歳以上の方なら、どなたでも参加いただけます。
- ◯党費：正党員（年額5千円［学生 年額2千円］）、特別党員（年額10万円以上）、家族党員（年額2千円）
- ◯党員資格は党費を入金された日から1年間です。
- ◯正党員、特別党員の皆様には機関紙「幸福実現NEWS（党員版）」が送付されます。

＊申込書は、下記、幸福実現党公式サイトでダウンロードできます。

出版 メディア 芸能文化　幸福の科学グループ

幸福の科学出版

大川隆法総裁の仏法真理の書を中心に、ビジネス、自己啓発、小説など、さまざまなジャンルの書籍・雑誌を出版しています。他にも、映画事業、文学・学術発展のための振興事業、テレビ・ラジオ番組の提供など、幸福の科学文化を広げる事業を行っています。

アー・ユー・ハッピー？
are-you-happy.com

ザ・リバティ
the-liberty.com

幸福の科学出版
TEL **03-5573-7700**
公式サイト **irhpress.co.jp**

THE FACT

ザ・ファクト
マスコミが報道しない「事実」を世界に伝えるネット・オピニオン番組

Youtubeにて
随時好評
配信中！

ザ・ファクト　検索

NEW STAR PRODUCTION

ニュースター・プロダクション

「新時代の"美しさ"」を創造する芸能プロダクションです。2016年3月に映画「天使に"アイム・ファイン"」を、2017年5月には映画「君のまなざし」を公開しています。 公式サイト **newstarpro.co.jp**

ARI Production

ARI《アリ》 Production《プロダクション》

タレント一人ひとりの個性や魅力を引き出し、「新時代を創造するエンターテインメント」をコンセプトに、世の中に精神的価値のある作品を提供していく芸能プロダクションです。 公式サイト **aripro.co.jp**

大川隆法　講演会のご案内

大川隆法総裁の講演会が全国各地で開催されています。講演のなかでは、毎回、「世界教師」としての立場から、幸福な人生を生きるための心の教えをはじめ、世界各地で起きている宗教対立、紛争、国際政治や経済といった時事問題に対する指針など、日本と世界がさらなる繁栄の未来を実現するための道筋が示されています。

2018年 7月4日 さいたまスーパーアリーナ「宇宙時代の幕開け」

2017年5月14日 ロームシアター京都「永遠なるものを求めて」

2017年8月2日 東京ドーム「人類の選択」

2018年2月3日 都城市総合文化ホール(宮崎県)「情熱の高め方」

2017年12月7日 幕張メッセ(千葉県)「愛を広げる力」

講演会には、どなたでもご参加いただけます。
最新の講演会の開催情報はこちらへ。⟹

大川隆法総裁公式サイト
https://ryuho-okawa.org